AF177441

www.tredition.de

Marco Fumagalli

Algorithmus versus Individualität?

**Studie zur Bedeutung der Künstlichen
Intelligenz (KI) für das menschliche Ich**

Marco Fumagalli (Adoptivname Brunner) studierte – nach einer Handwerkerlehre im Elektrofach – Philosophie an der Uni Zürich (Lic. phil. Abschluss mit Arbeit zu Nietzsches Begriff von Wissenschaft und Philosophie).

Ein besonderer Dank geht an Robert Zuegg, der in unzähligen Gesprächen Wertvolles zur Entstehung dieser kleinen Schrift beitrug.

© 2020 Marco Fumagalli

Verlag und Druck: tredition GmbH, Halenreie 40-44, 22359 Hamburg

	ISBN
Paperback:	978-3-347-04717-4
Hardcover:	978-3-347-04718-1
e-Book:	978-3-347-04719-8

Inhalt

Einleitende Kurzfassung

Die Kultur der Neuzeit wird entscheidend geprägt durch eine Wissenschaft, die in ihrem Paradigma nur den empirisch erfassbaren Stoff mit seinen kausaldeterministischen Gesetzen beachtet und diesen als Grund allen Seins annimmt. Diese Denkweise gründet einerseits im philosophischen Nominalismus (der die Form oder Idee inhaltlich negiert) und anderseits in der algorithmischen Mathematik (die das Rechnen mit der Null und den negativen Zahlen kennt). Beide wurden aus der einst hochstehenden arabisch-islamischen Wissenschaftskultur in das Europa des ausgehenden Mittelalters transferiert. Galilei fasste sie methodologisch in seiner neuen Physik zusammen. Damit löste er eine epochale Wirkung auf die neuzeitliche Wissenschaft und Technik aus, deren neuste technologische Entwicklung die auf dem selbstlernenden Algorithmus beruhende Künstliche Intelligenz (KI) ist.

Diese neue Wissenschaftsmethode ist, paradigmatisch bedingt, nur für den Bereich des Anorganischen geeignet. Geht es jedoch um Verstehen und Begreifen des Organischen erweist sie sich als nicht geeignet. Sie missachtet die Eigengesetzlichkeit natürlicher Einheiten. Lebende Organismen versteht sie heute als ‚komplexe, selbstorganisierte Systeme‘, die evolutiv aus rein Anorganischem entstanden seien. Das gelte letztlich auch für den Menschen.

Ideenrealistisch gesehen stellt der schöpferisch denkende und handelnde Mensch, seine geistige Individualität, die bedeutendste Form unter den Lebewesen dar. Durch sein

Denken, seine Erkenntnisfähigkeit hat er Zugang zum schöpferischen Potenzial der Ideen, des Begrifflichen und der Formen.

Die moderne Neurophilosophie dagegen schliesst aus den Resultaten der Hirnforschung: Denken biete keinen Zugang zu einer angeblich wirkursächlichen Ideenwelt. Denken und alle anderen ‚psychisch-geistigen Phänomene‘ (wie Wahrnehmen, Fühlen, Entscheiden) seien vielmehr ‚komplexe kognitive Funktionen‘, die auf physiologischen Vorgängen im Gehirn beruhten. Das mache die Annahme einer unabhängig denkenden und handelnden Instanz namens ‚Ich‘ zur Illusion. Denn die messbaren Vorgänge im Gehirn liefen dezentral verteilt ab und liessen keinen Schluss auf ein Kompetenzzentrum zu, das als Ich bezeichnet werden könnte. – Wenn die Hirnforschung keine Gründe für die Annahme einer Individualität findet, so liegt das an ihrem Paradigma, dessen nominalistische Prämissen den Begriff eines geistig-autonomen Ich nicht zulassen.

Neben der durch Galilei entdeckten und durch Kant erkenntnistheoretisch begründeten neuen Wissenschaft (die im Kern Technik ist), war die philosophische Aufklärung das zweite geistesgeschichtlich bedeutende Hauptwerk der Neuzeit. Die eigentliche Aufklärung lieferte das Potenzial für die Befreiung des Denkens als Voraussetzung für eine Entwicklung des selbstbestimmten Ich. – Naturwissenschaft und Technik ermöglichten nicht nur eine erfolgreiche technologische Entwicklung in allen Bereichen der Lebenspraxis, sondern schufen auch ein naturalistisch geprägtes Menschenbild, das jenen Befreiungsimpuls der Aufklärung wieder zu vernichten droht.

Wird heute der aufgeklärte Mensch durch die Künstliche Intelligenz konkurrenziert oder sogar verdrängt? Namhafte Kritiker und sogar ‚hauseigene' Experten warnen vor den negativen Folgen einer hochentwickelten autonomen KI. Sie befürchten, diese könnte den Menschen einst übersteigen und den weiteren Gang der Geschichte beeinflussen oder gar bestimmen. Zukunftsforscher und Posthumanisten sehen in der KI tatsächlich die Entstehung der nächsten Stufe der Evolution.

Diese Studie versucht, eine philosophisch-anthropologische Antwort zu geben auf das Phänomen KI, auf das superintelligente Maschinenwesen, das ein grenzenloses Potenzial besitzen soll, alles verändern zu können – auch den Menschen in seinem Innersten.

Zur Methode: Die begrifflichen Grundlagen dieser Arbeit entstammen einem kategorial-philosophischen Konzept, das die Möglichkeit und Entfaltung der schöpferischen Individualität des Menschen als Kern der spezifisch europäischen Kultur interpretiert. Diether Lauenstein hat ein solches Konzept in der Denklinie Plotins und Fichtes in seinem philosophischen Hauptwerk 'Das Ich und die Gesellschaft' (Stuttgart 1974) entworfen. Dieses bildet die Basis für diese Studie, welche die aktuellen Entwicklungen auf dem Gebiet der Hirnforschung und der KI-Technologie hinsichtlich ihrer paradigmatischen Voraussetzungen kritisch hinterfragt.

Diese Arbeit ist keine soziologische Untersuchung, sie befasst sich nicht primär mit der Gesellschaft, sondern mit dem Menschen selbst, mit seiner Individualität, dem Ich.

Das Phänomen Algorithmus oder KI betrifft heute direkt und zuerst das selbstbestimmte Ich als das eigentlich tragende Grundelement des Lebens und der Kultur einer modernen Menschengemeinschaft.

1. Paradigmawechsel von Aristoteles zu Galilei

Zu Beginn der Neuzeit fand in der europäischen Wissenschaftsgeschichte ein epochaler Paradigmawechsel statt: Der Wechsel von der aristotelischen Naturbetrachtung zur galileischen Physik. Er hat in der Folge nicht nur den Begriff von Wissenschaft entscheidend geprägt, sondern die gesamte westliche Kultur beeinflusst. – *Paradigma* steht hier für Sichtweise, Denkmodell, wissenschaftliche Theorie, Begriffssystem.

Der Wissenschaftshistoriker T. S. Kuhn fragt sich in seinem Buch 'Die Struktur wissenschaftlicher Revolutionen' (Frankfurt am Main 1976) S. 132:

> „Müssen wir wirklich das, was Galilei von Aristoteles … trennt, als eine Umwandlung des Sehens beschreiben? *Sahen* diese Männer tatsächlich Verschiedenes, wenn sie die gleiche Art von Objekten betrachteten? Können wir in irgendeinem vernünftigen Sinne sagen, sie hätten ihre Forschung in verschiedenen Welten durchgeführt?"

Kuhn meint, der Erkenntnisfortschritt verlange manchmal, dass eine bisher geltende, aktuell aber nicht mehr genügende, wissenschaftliche Theorie verworfen werden müsse, um durch eine geeignetere ersetzt zu werden. Diesen Vorgang nennt er Paradigmawechsel. Im erwähnten Buch beschreibt er verschiedene, wissenschaftshistorisch relevante, überwiegend die Naturwissenschaften betreffende Paradigmawechsel. – Dabei wird der Wechsel von der aristotelischen zur *galileischen Sichtweise* zurecht als das zentrale, die Neuzeit grundlegend bestimmende Ereignis erkannt.

Bei einem Paradigmawechsel findet in der Regel eine *Umdeutung* oder Umwertung der Prämissen, Grundbegriffe oder Kategorien des bisher etablierten Begriffssystems statt. Die neu entstandene Sichtweise sieht dann auf andere Weise und nimmt damit anderes wahr als die alte, obwohl sie „die gleiche Art von Objekten" vor sich hat. Das jeweilige Begriffssystem bestimmt durch seinen *kategorialen Hintergrund* auch die ihm entsprechende wissenschaftliche Methode. Es entscheidet so nicht nur, womit und worauf sich unser Denken im Bereich eines Wahrnehmlichen richtet, sondern auch wie das Gesehene adäquat zu lesen bzw. zu deuten sei.

Das Paradigma ist gleichsam eine kategoriale Brille. Es bestimmt sowohl die Auswahl eines Betrachtungsfeldes, als auch was in diesem Feld, methodologisch bedingt, gesehen und erfasst werden kann.

Zudem können „Begriffssysteme oder wissenschaftliche Schulen bestimmten Feldern der Wirklichkeit gewachsen sein, während sie für andere sich als ungeeignet erweisen … Die wesentlichen Entscheidungen für die verschiedenen Felder möglicher Erkenntnis fallen schon im Umgang mit den Kategorien und ihrer jeweiligen Ordnung" (1).

2. Ausgangspunkt: Aristotelische Ursachenlehre

Für eine klärende und vergleichende Untersuchung der beiden hier thematisierten Paradigmata ist der Rückgang auf ihren gemeinsamen Grund nötig. Und dieser ist im Fundus der griechisch-klassischen Philosophie zu finden, vor allem aber in der Naturphilosophie des Aristoteles, in seiner Lehre der Ursachen oder Gründe. – Durch Umdeutungen und Weglassungen grundlegender Begriffe dieser Lehre entwickelte Galilei seine neue Wissenschaft. Sie unterscheidet sich von der aristotelischen Natursicht hauptsächlich durch die sichere Sprache der *Mathematik*. Gemäss Galilei sei das „Buch der Natur" in dieser Sprache geschrieben.

Im Vergleich zur umfassend gedachten aristotelischen Naturphilosophie enthält Galileis neue Physik einen erheblichen *Reduktionismus*. Das Feld möglicher Erkenntnis wird von einem weitgefassten Bereich, dem des Organischen, auf das rein Anorganische eingeschränkt. Dem entspricht eine Methode, die nur misst und rechnet.

Ausgehend von der aristotelischen Ursachenlehre, bildlich dargestellt am Denkmodell der *einjährigen Pflanze*, lassen sich die für die neue Physik und ihre Methode relevanten Grundbegriffe philosophisch erklären und beurteilen.

Dazu sollen das folgende Schema sowie die anschliessende, erklärende und interpretierende Zusammenfassung der wichtigsten Stellen aus dem eingangs erwähnten

Buch Lauensteins dienen (2). Dabei ist es sachlich bedingt, dass dieser interpretierende Kommentar in einem begriffsrealistischen, nicht nominalistischen Sinne geführt wird:

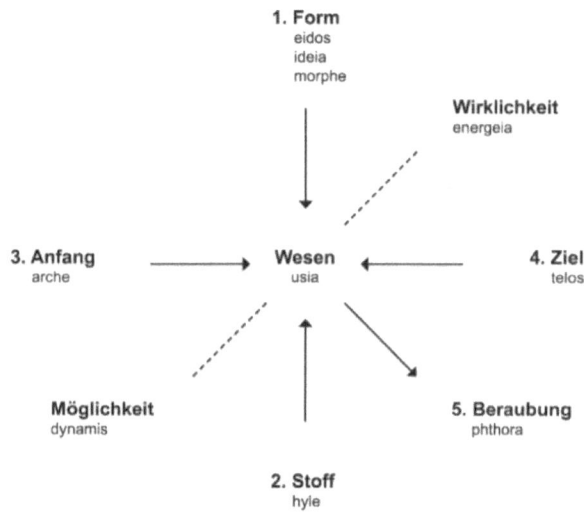

Die natürliche, organische Einheit (z.B. einer Pflanze) beschrieb Aristoteles als Wesen (usia, lat. essentia, substantia), das durch das Zusammenwirken von fünf Ursachen und zwei weiteren Grundbegriffen bestimmt oder begründet wird. Hauptsächlich aber durch die Verbindung der ersten mit der zweiten Ursache, der *Form* (eidos, ideia, morphe, lat. forma) mit dem *Stoff* (hyle, lat. materia). Der Form kommt dabei das Primat zu. Sie ist das eigentliche *Wirkprinzip* des Wesens oder die sich selbst entwickelnde „Idee im Seienden oder in der Substanz". Stoff ist als Materie gleichsam die passive Bedingung der Möglichkeit des sichtbaren Werdens der Pflanze. Der *Anfang* oder Anstoss einer Entwicklung ist die dritte Ursache (arche, lat. principium, z.B. der Frühling als Anregung zur Keimung des Samens). Diese Anregung richtet sich an die Form als das Eigen- oder Wirkprinzip des Samens, der sich dann eigengesetzlich und sichtbar zu entwickeln vermag. Das dem Wesen innewohnende *Ziel* der Entwicklung wird als vierte Ursache bezeichnet (telos, lat. finis, die vollausgebildete, zur Fortpflanzung reife Pflanze).

Als fünfte Ursache gilt die *Beraubung* (phthora oder steresis, lat. privatio) oder Verwesung, die das Werden oder Leben der Pflanze beendet. Sie ist Beraubung der Form und

> „führt alle leiblichen Wesen … in den blossen Stoff, welchen Platon mit Parmenides auch das Nichtsein nannte" (3).

> „Nachdem die Blüte neue Samen bildete, verwelkt die Mutterpflanze; sie unterliegt hinsichtlich ihrer Gestalt der 'Beraubung' … nur ihr Stoff sinkt in den Boden zurück. Im Rest vorhandener Leiber, wie im Holz, findet sich auch nach Verformungen immer noch ‚Struktur' als spezifische ‚Restgestalt' … vier Ursachen führen die Wesen ins Dasein, während die ‚Beraubung' sie wieder hinausführt, sie verwesen lässt" (4).

Nach der Form-Beraubung bleibt, genauer betrachtet, nicht nur blosser Stoff übrig, sondern (mit diesem verbunden) auch *Struktur*. Das ist „die ins Innere der Materie abgesunkene Restgestalt" (Lauenstein). Also tote Restform – sichtbar etwa an den Jahresringen eines abgestorbenen

Baumstammes mit ihren unterschiedlichen Materialdichten, weswegen sie verschieden schnell verwesen. Es ist die Form, wenn auch nur als tote Struktur, die in Verbindung mit dem Stoff das Wesen oder Ding *wahrnehmbar* und begrifflich fassbar macht.

Form und Stoff wirken als sich bedingende und durchdringende Pole im Raum. Anfang und Ziel wirken in der Zeit. Auch Beraubung, Verwesung ist ein zeitlicher Vorgang.

Zwei weitere, polarisch zusammengehörige Grundbegriffe (oder Grenzbegriffe) erklären Werden oder Entwicklung genauer: *Möglichkeit* (dynamis, lat. potentia, Potenzialität, die im Samen liegt und zur Verwirklichung drängt) und *Wirklichkeit* (energeia, lat. actus, das Verwirklichen von Möglichkeit bis zur vollausgebildeten Pflanze).

Die Umkehrbewegung von der verwirklichten Mutterpflanze zurück zur Potenzialität des neu gebildeten Samens (was als Involution bezeichnet werden kann) hatte Aristoteles in seinem Pflanzenmodell noch nicht beachtet. – Erst Plotin dachte beide Bewegungen zusammen und schuf damit, gemäss Lauenstein, eine philosophische Grundlage für den geistesgeschichtlich später entwickelten Begriff der menschlichen Individualität.

Form ist potenzielle *Selbstwirksamkeit*, die sich nur im Zusammenspiel mit den anderen Ursachen, hauptsächlich mit dem Stoff, sinnlich wahrnehmbar verwirklicht. Entstehen und Vergehen (oder Evolution und Involution) finden in der polaren Spanne zwischen Möglichkeit und Wirklichkeit statt.

3. Zu Galileis neuer Wissenschaftsmethode

2'000 Jahre später veränderte Galilei das aristotelische Begriffssystem für sein neues Konzept der Naturerfassung wie folgt:

- Die *Form* wurde methodologisch ausgeschlossen, negiert, genauer: auf die tote Struktur als Restgestalt herabgesetzt. Das ist ein Vorgang, der mit der fünften aristotelischen Ursache (Verwesung oder Beraubung der Form) beschrieben werden kann.

- Die besondere Beachtung galt nun dem *Stoff*. Mit der Negation der Form wurde der mögliche Erkenntnisbereich auf den formberaubten Stoff, die Materie reduziert. – Anderseits wurde die formbestimmte Einheit (Wesen oder Substanz) im philosophischen Denken der Neuzeit immer mehr in das metaphysische Jenseits möglicher Erkenntnis verlegt.

- Für die Erfassung des Stoffes und seiner Gesetze erwies sich – neben der Nichtbeachtung der Form – das Messen und Berechnen als die zutreffende *Methode.* Heute spricht man von technischer Messdatenerfassung und mathematischer Datenverarbeitung.

- Galilei, Newton und Kant haben die *Mathematik* als das eigentliche Kriterium für Wissenschaftlichkeit bezeichnet (5). Genauer besehen ist es die algorithmische Mathematik, weil sie den (für dieses Paradigma notwendigen) Umgang mit der Null und den negativen Zahlen kennt. Siehe dazu Kapitel 5: 'Mathematischer Hintergrund: Indo-arabische Rechenkunst'. – Wenn Elementarteilchenphysiker heute die Struktur der Materie nicht mehr mit klassischer Physik und starren Atommodellen zu erklären versuchen, sondern mit Quantenmechanik, Quantenfeldtheorie und Unschärferelation (wobei es um mathematische Statistik und Aussagen der Wahrscheinlichkeit geht), dann 'verfeinern' sie damit nur graduell die klassische Methode der Physik. Das Wissenschaftskriterium bleibt stets die Mathematik.

- Jene nominalistische Nichtbeachtung der Form und diese Art von Mathematik erwiesen sich methodologisch als die zwei wichtigsten Grundelemente der Entwicklung neuzeitlicher *Physik und Technik*. Aufgrund dieser kategorialen Prämissen ist das physikalistische Paradigma aber nur für den Bereich des Anorganischen geeignet (6).

Die kategoriale Veränderung beim Paradigmawechsel von Aristoteles zu Galilei zeigt sich auch beim Wort *Physik:* Nach altgriechischem Wortgebrauch ist „physis" die *„selbstwirkende Natur"* (7). Das ist die Gesamtheit der natürlichen, formbestimmten, d.h. sich selbst entwickelnden Einheiten. – Unter Physik verstand Galilei nur noch seine Wissenschaft von dem in seinen Teilen beachteten Stoff sowie den mechanischen Gesetzen der Bewegung dieser Teile. Diese Physik beachtete keine selbstwirkende

Einheit mehr und damit auch keinen echten Anfang und kein immanentes Ziel des Werdens.

„Galilei erhärtete diese Auffassung durch gezielte, voll überschaubare und wiederholbare Teilbewegungen, die man Experimente nennt, und durch deren Berechnung" (7).

„Wenn ein Ding einen Anstoss äusserlich-mechanisch weitergibt, dann nannten die Alten dies (nicht physis, sondern) ananke oder *Zwang;* die ananke wirkt im Toten, wo es kein Eigengesetz des Werdens gibt, und hier nur in den nächstliegenden Ursachen und nächsten Wirkungen ... Galilei redet, wenn er von *Ursache und Wirkung* spricht, nach platonisch-aristotelischem Sprachgebrauch von der ananke. Der kosmische Anstoss zur Keimung eines Samens ist kein Zwang, sondern nur eine Anregung, weil er sich an das dem Samen innewohnende Prinzip des Lebens wendet ... Der Zwang gehört nicht in das Modell der Pflanze und wirkt in ihrem Dasein nur nebenläufig (Hervorhebungen MF)" (8).

Die Form „ist nicht berechenbar nach einem Mengenmass, auch nicht die im Samen liegende 'Möglichkeit' oder Entfaltungskraft, dynamis. Wohl aber lässt der äussere Anstoss von Körper zu Körper, die ananke, sich messen und berechnen" (7).

Das Paradigma der klassischen Physik wird seit Galilei oft durch das *Billardmodell* dargestellt, das den kausalen und deterministischen Zwang der sich stossenden, idealen Kugeln auf idealer Ebene zutreffend abbildet.

„Freilich haben die Atomphysiker (wie z.B.) Altmeister Heisenberg mit diesem Modell ihre Not; es passt nicht; Galileis Modell bleibt für sie aber das Ideal. Jürgen Habermas sagt von dem Physiker C.F. von Weizsäcker, seinem (einstigen) Kollegen im Max-Planck-Institut zu Starnberg … seine Mühen als Philosoph sammelten sich zu dem Versuch, die Atomphysik wieder der klassischen Physik zu unterwerfen" (9).

Hatte Aristoteles mit dem Pflanzenmodell das einheitsstiftende Zusammenspiel von fünf Ursachen eines Wesens (oder auch Dinges) beschrieben, so reduzierte Galilei seine Methode radikal auf das Erfassen des rein Anorganischen. Im Vergleich zum Samen ist die Billardkugel toter, formberaubter Stoff, bei dem Einheit wie auch Selbstwirksamkeit fehlen.

Auch Anfang und Ziel, die Aristoteles beide als Mit-Ursachen der Entwicklung einer selbstwirkenden Einheit verstand, wurden dementsprechend angepasst: Galilei deutete den aristotelischen *Anfang* um, zu einer äusserlichen Wirk- oder Bewegungsursache, zu einem Anstoss einer Kugel, die diesen Anstoss dann eins zu eins zwingend weitergibt, weil ihr eine formverursachte Eigenbewegung fehlt. – Und das *Ziel* (telos, finis) einer Entwicklung, die nur einem organischen Wesen zukommen kann, verlor logischerweise ganz seine Bedeutung. Teleologische Erklärungen wurden in der Folge aus dem Katalog erlaubter Antworten auf naturwissenschaftliche Fragen, bis in die Evolutionsbiologie hinein, ganz abgeschafft.

Das spezifische Paradigma der neuen Physik beruht auf der ausschliesslichen Gültigkeit des Kausalitätsprinzips, es lässt nur die zwingenden Gesetze des rein Anorganischen zu. – Dass diese Wissenschaftsmethode für das Verstehen und Begreifen des *Lebens* in all seinen Formen bis hin zur menschlichen Individualität ungeeignet ist – hier bräuchte es 'objektgerechtere' Wissenschaftsparadigmen – wird weitgehend übersehen. Das liegt einerseits an der Macht der beeindruckenden, technisch-naturwissenschaftlichen Erfolge. Anderseits aber hauptsächlich an der *nominalistischen Schwächung des Begriffs* und einer dadurch bedingten, meist ungenügenden Erkenntnis- und Wissenschaftstheorie.

> Galileis neue Physik „war der Versuch einer abgesonderten Erfahrung am Stoff, der wenigstens in der Physik des toten Stoffes zunächst geglückt ist ... Dazu erfand sie das Experiment ... Sie fragt, genau betrachtet, die Welt und ihre Wesen nicht (mehr) was sie sind, sondern wie sie unter den und den Bedingungen sich verhalten" (10).

Auf die zu Beginn von Kuhn formulierte Frage kann nun eine Antwort gegeben werden:

„Sahen diese Männer tatsächlich Verschiedenes, wenn sie auf die gleiche Art von Objekten geschaut hatten?" Wie aus dem bisher Dargestellten hervorgeht, sahen sie sehr Verschiedenes. – Denken, das sich um Erkenntnis bemüht, bezieht sich nicht nur ‚blickrichtend' auf ‚gegebene Objekte'. Nicht nur auf deren *Was*, sondern es beeinflusst im Erkenntnisprozess, kategorial bedingt, auch die Sichtweise (die ‚kategoriale Brille') und damit das *Wie* des Erscheinens der Objekte. Mit der Wahl eines bestimmten Paradigmas (also der grundlegenden Kategorien und ihrer Ordnung) wird nicht nur der Bereich möglicher Erkenntnis festgelegt, sondern auch die entsprechende Methode sowie der Interpretationsspielraum.

„Der moderne, Ich-bewusste Europäer weiss, dass er schon beim sinnlichen Erscheinen der Dinge selbst mittätig ist und erst recht bei deren Deutung" (11).

4. Philosophischer Hintergrund: Nominalismus

Über Stoff und Negation wurde in der Antike wenig nachgedacht. Das änderte sich zunächst mit den Neuplatonikern. Entscheidend aber erst mit dem spätmittelalterlichen Nominalismus, der durch seine Negation der Form (oder des Ideellen überhaupt) den Forscherblick für den neu entdeckten Erkenntnisbereich des rein Physischen schärfte.

Bereits 200 Jahre vor Galilei erkannte Cusanus die für das Erfassen des Anorganischen geeignete Methode:

> „Kardinal Nikolaus von Kues, auch Cusanus genannt (1401-1464), war Neuplatoniker in Plotins Gefolge; als solcher war er nicht nur Theologe und Philosoph, sondern auch Mystiker und Mathematiker. Aber für das Reich des Toten in der Natur sah er als erster, dass hier richtig nur mit Messen und Wiegen, ohne Beachtung der Formen verfahren werde. So erblickte er schon die neuzeitliche Physik, der zweihundert Jahre später Galilei (1564-1642) durch die mechanischen Gesetze ein festes Rückgrat gab" (12).

Galilei ergänzte diese Entdeckung durch die Mathematik. Erst damit erhielt die neue Physik das entscheidende Element, das sie in der Folge zur klassischen Physik mit dem Anspruch empirisch-exakter Wissenschaft machte.

Philosophisch wurde Galileis neue Methode schon im 11. und 12. Jh. durch den Einfluss arabisch-islamischer Gelehrter vorbereitet. Hauptsächlich durch Aristoteles-Kommentatoren wie Avicenna und Averroes. Avicenna etwa verschärfte die Sinnenbezogenheit der aristotelischen Ursachenlehre mit seiner Ansicht, die Form sei bereits *im Stoff*, in der Materie enthalten, also keine primäre Wirkursache. Damit verneinte er das platonisch-aristotelische Primat der Ideen und Formen. Die Formen verbänden sich nicht ‚von aussen‘ mit dem Stoff zu sichtbaren, natürlichen Einheiten, sondern entwickelten sich sekundär aus der ‚ewig existierenden Materie‘. Zudem betonte schon Avicenna die Bedeutung der Mathematik.

Bereits hier finden sich die kategorialen Prämissen, die viel später zu den naturwissenschaftlichen Theorien der chemischen und biologischen Evolution führten.

Dieses neue, die aristotelische Formursache verneinende Paradigma wurde im christlichen Abendland massgeblich durch Wilhelm von Ockham (14. Jh.) aufgenommen und weiterentwickelt. Die daraus hervorgehende philosophische Schule wurde *Nominalismus* genannt: Ideen, Formen, Begriffe, die seit der philosophischen Antike inhaltlich als reale Wirkursachen galten (im Mittelalter hiessen sie Universalien), wurden nun für blosse Namen (nomina), Bezeichnungen oder inhaltsleere Abstraktionen von wirklich Seiendem gehalten. Die empirisch zugänglichen Einzeldinge, die fertig gegebenen Tatsachen und Vorgänge seien der eigentliche reale Inhalt und die nomina dienten dem menschlichen Verstand nur als Instrumente möglicher Erkenntnis.

Neues Forschungsfeld: Der formberaubte Stoff und seine Gesetze

Diese nominalistische Sichtweise eröffnete ein neues, bis zu Ockham, Cusanus und Galilei wenig bis gar nicht beachtetes Forschungsfeld. Platonisch ist es das 'Nichtsein' oder die ‚unbestimmte Zweiheit'. Aristotelisch ist es der formnegierte Stoff. – Mit anderen Worten: Der spätmittelalterliche Nominalismus war die geistesgeschichtliche Voraussetzung für den wohl tiefgreifendsten Paradigmawechsel der europäischen Wissenschaftsgeschichte, für den Wechsel vom umfassenden Denkmodell der einjährigen Pflanze zu dem reduktionistischen des Billardspiels.

Der vom englischen Empirismus (begründet und vertreten etwa durch Francis Bacon, John Locke, David Hume) beeinflusste naturwissenschaftliche *Positivismus* des 19. Jahrhunderts war eine logische Konsequenz dieses neuen Wissenschaftsparadigmas. Dabei wurde alles als unwissenschaftlich bezeichnet, was nicht empirisch beobachtbar ist und nicht durch wissenschaftliche Experimente bewiesen werden kann. Metaphysische Argumentationen wurden als Scheinprobleme abgewiesen. Es handelt sich um eine Denkweise, die sich strikt an die *Empirie* wendet, an die 'positiven' naturwissenschaftlichen Tatsachen und Sachverhalte.

Im 17. Jh. veröffentlichte Francis Bacon ein wissenschaftliches Manifest mit dem Titel „Novum organon scientiarum" (Prinzipien einer Methodenlehre der Wissenschaften). Darin findet sich die bekannte Formel: „Wissen ist Macht". Er forderte Naturbeherrschung im Interesse des

Fortschritts, nicht eigentliche Erkenntnis. Bei der empirischen 'Erkenntnis' gehe es nicht um Verstehen oder Begreifen, sondern in erster Linie um Erschliessung des Anorganischen und seiner Gesetze zur Erzeugung *technischen Wissens*, das dann die praktische Beherrschbarkeit der Natur ermöglicht – und Macht verspricht. Seitdem gilt: Was machbar und verwendbar ist, wird auch gemacht, sofern auch die ökonomischen Aussichten erfolgversprechend sind. Der Beweis der ‚Richtigkeit' solchen Wissens wird im Experiment und in der technischen Praxis gesucht.

Fazit und Ausblick

Die dargestellten kategorialen Umdeutungen, Veränderungen und Weglassungen aristotelischer Grundbegriffe führten in der neuzeitlichen Geschichte zur Entdeckung und Erschliessung von damals noch ungeahnten, erst in der Moderne richtig sichtbar und nutzbar gewordenen ‚*Möglichkeiten*' im Stoff.

Die neusten technologischen Entwicklungen lassen uns Heutige schwanken zwischen Faszination (Möglichkeit der Freiheit (13)), Bedenken (Gefahr der Dysfunktionen (14)) sowie Schaudern z.B. angesichts der Risiken einer künstlichen Intelligenz, die den Menschen eines Tages 'übertreffen' und dominieren könnte. – Ausführliches dazu im nächsten Kapitel.

5. Mathematischer Hintergrund: Indo-arabische Rechenkunst

Mit der nominalistischen Negation der Form und der damit zusammenhängenden neuen Deutung des Stoffes als Grund allen Seins gehört auch die *Mathematik* zu den entscheidenden Faktoren der neuzeitlichen empirischen Wissenschaft und Technik.

Die Mathematik des christlichen Mittelalters war hierfür völlig ungeeignet. Grund: Sie kannte das Rechnen mit der Zahl Null und den negativen Zahlen nicht. Dieses Rechnen kam erst mit der Einführung der *indisch-arabischen Ziffern* und des dazugehörigen Dezimalsystems in das spätmittelalterliche Europa und wurde zur zentralen Grundlage von Galileis neuer Wissenschaftsmethode.

Das Wort *Ziffer* kommt von arabisch ‚as-sifr' (Null, Nichts), was seinerseits eine Übersetzung des indischen ‚sunya' ist (von ‚Sunyata' = Leere, Nichts). Dieses spielte sowohl im Buddhismus als auch in der indischen Mathematik eine zentrale Rolle. Null, Nichts, Leere galt für alle indoarabischen Ziffern, nicht nur für die Null. Aus ‚as-sifr' entstand das lateinisch-italienische ‚cifra', später das französische ‚chiffre' und die deutsche ‚Ziffer' (15). Zahlzeichen oder Ziffern sind Bestandteile der Dezimalzahlen und haben selbst keinen Inhalt.

Aus Wikipedia zur ‚Geschichte der Mathematik': Die Inder entwickelten das uns vertraute dezimale Positionssystem mit den dazugehörenden Rechenregeln.

Der indische Mathematiker und Astronom Brahmagupta beschrieb im 7. Jh. Regeln für die Arithmetik mit *negativen Zahlen und der Zahl 0*, die schon weitgehend unserem modernen Verständnis entsprechen.

In der islamischen Welt bildete für die Mathematik die Hauptstadt Bagdad das Zentrum der Wissenschaft. Die arabisch-muslimischen Mathematiker übernahmen die indische Positionsarithmetik und entwickelten damit die mathematischen Werke der Griechen weiter. Die bedeutendste mathematische Leistung der Muslime ist die Begründung der heutigen Algebra. Arabische Mathematik kam über Spanien und Italien nach Europa und ihre Mathematik beeinflusste in der Folge die europäische grundlegend. Begriffe wie *Algebra*, *Algorithmus* sowie die *arabischen Ziffern* gehen darauf zurück.

Das spätmittelalterliche Europa wehrte sich zunächst

gegen die „teuflischen Zeichen der Araber, vor allem von der Null oder einem Rechnen damit wollte man nichts wissen … Erst der Mathematiker Leonardo Fibonacci aus Pisa, der schon als Schulkind mit seinem handeltreibenden Vater ins muslimische Nordafrika gereist war, überzeugte im 13. Jahrhundert die Kaufleute vom grossen Nutzen der indoarabischen Rechenkunst" (16).

In Deutschland erklärte Adam Riese im 16. Jh. seinen Landsleuten dieses Rechnen und die Verwendung der indischen Ziffern statt der unpraktischen römischen und wurde damit populär.

Wie hängen mathematische Null und nominalistische Negation zusammen? Lauenstein dazu:

> „Abgesehen von Platons Versuch im ‚Timaios', mathematisch in die Struktur des Stoffes einzudringen, sannen die Platoniker der Antike wenig über die Grundbegriffe Stoff und Verwesung (oder Beraubung) nach. Wir aber entnehmen der Verwesung spätestens seit Thomas von Aquin die von Vorstellungen reine, geklärte Kategorie der Verneinung (oder Negation). Aus ihr ist die mathematische Null abzuleiten, was die abendländische Antike ebenfalls versäumte, bis unsere mittelalterliche Kultur sie von den Indern her über die Araber empfing (Anm. MF)" (17).

Der *philosophische Nominalismus* und die *indoarabische Mathematik* machten die Neuzeit fähig, den formnegierten Stoff für die Praxis aufzuschliessen. Auf der Grundlage dieser zwei Hauptprämissen entstand die allgemeine industrielle Revolution (18).

Der technische Fortschritt ermöglichte zunächst eine Erleichterung der schweren physischen Arbeit, in der Moderne auch der intellektuell-geistigen durch die digitale Revolution, vor allem nach der Entwicklung einer Künstlichen Intelligenz (KI) in jüngster Zeit. Zukunftsforscher sehen in einer voll ausgebildeten KI einen evolutiven Höhepunkt und zugleich Wendepunkt in der Geschichte des Menschen. Mehr dazu in den folgenden drei Unter-Kapiteln.

Eine derartige wissenschaftlich-technologische Entwicklung, die seit Beginn der Neuzeit die Lebenspraxis der

Menschen tiefgreifend verändert, wäre, wie gesagt, aufgrund der griechisch-römischen Mathematik allein nicht möglich gewesen.

Algorithmus: Herkunft und Begriff

Die Einführung der indoarabischen Ziffern in das Europa des Mittelalters bedeutete auch die Übernahme der Regeln für den Umgang mit diesen Ziffern. Diese Regeln oder Rechenvorschriften gelten als Vorläufer der heutigen *Algorithmen*.

Aus Wikipedia zur Herkunft des Wortes ‚Algorithmus‘: Dieser Begriff geht zurück auf den arabischen Mathematiker und Universalgelehrten Muhammad al-Chwarizmi. Dessen Lehrbuch ‚Über das Rechnen mit indischen Ziffern‘ (verfasst um 825 in Bagdad, basierend auf der Arbeit des indischen Mathematikers Brahmagupta) wurde seinerseits im 12. Jh. aus dem Arabischen ins Lateinische übersetzt. In der Folge wurde diese Übersetzung in der westlichen Welt zu einer der wichtigsten Quellen für die Ausbreitung der indisch-arabischen Ziffern mit dem dezimalen Zahlensystem und den entsprechenden Regeln des Rechnens. Der Name Al-Chwarizmi wurde zu 'Algorismi' latinisiert und so zum Synonym für das *neue Rechnen in Europa*. Seit Beginn der Neuzeit setzte sich die lateinisch-griechische Bezeichnung *'Algorithmus'* durch, zunächst in der Mathematik, später auch in der Informatik.

In der Informatik wird der Algorithmus (kurzgefasst) als Berechnungsvorschrift zur Lösung eines Problems verstanden. Die Durchführung des Algorithmus (= Software) erfolgt in der Regel durch eine elektronisch funktionierende Rechenmaschine (= Hardware). Dazu müssen die Zahlen der Mathematik in das für die 'Maschinensprache' besonders geeignete *Dualsystem* übersetzt werden. Dieses kommt mit nur zwei Symbolen aus (1 und 0), die weiter nichts als zwei elektrische Zustände darstellen: Strom fliesst (= 1 oder Ja) oder er fliesst nicht (= 0 oder Nein).

„Die Hälfte der elektronischen Datenverarbeitung und damit ein grosser Teil unseres modernen Lebens besteht aus Nullen. Das Darstellen des Alphabets und der (Dezimalzahlen) als Kombinationen von 0 und 1 hat sich für den geistig beschränkten Computer als am besten erwiesen: Das simple Ja oder Nein des binären Zahlensystems kann die Maschine ohne viel Werweissen verdauen. Dass dabei selbst ein kurzer Text zum fast endlosen Wurm aus Nullen und Einsen wird, kompensiert der Rechner mit Arbeitswut. – Dem Laien ist die in der Maschinensprache verborgene digitale Omnipräsenz der Null nicht bewusst" (16).

Die digitale Revolution erreichte in der Gegenwart eine neue technologische Dimension, die sich als epochalsten ‚Quantensprung' in der bisherigen Geschichte des Menschen erweisen könnte. Der Grund dazu ist die

Erfindung der Künstlichen Intelligenz (KI)

Die vom Mathematiker und Physiker Pierre-Simon Laplace um 1800 entworfene Idee eines 'Weltgeistes', der später als Laplace'scher Dämon bekannt wurde, kann zu den theoretischen Vorläufern der künstlichen Intelligenz gezählt werden. Laplace meinte, eine überragende Intelligenz – eben dieser Dämon – könnte das Weltgeschehen exakt berechnen, die Gegenwart mit allen Details kennen und auch Vergangenheit und Zukunft mathematisch genau beschreiben. Denn alles, was geschieht, sei durch die physikalischen Naturgesetze *determiniert* und jeder Zustand eine *kausale* Folge des vorangehenden. – Das ist rational und stringent zu Ende gedachter Kausaldeterminismus, der auch theoretische Grundlage der KI ist.

Bei der gegenwärtigen KI-Technologie geht es (gemäss Wikipedia) im Wesentlichen um den Versuch, die physiologischen Vorgänge des menschlichen Gehirns digital nachzubilden, um *Simulation* dieser Prozesse mit den Mitteln der Informationstechnologie. Das wird mit Hilfe von ‚künstlichen neuronalen Netzwerken' (KNN) versucht, deren Grundkonzept schon Mitte des 20. Jahrhunderts entworfen wurde (19). – Der entscheidende Durchbruch zum Bau einer künstlichen Intelligenz mit der Fähigkeit, sich selbst zu optimieren oder zu verbessern, gelang aber erst vor ca. 10 Jahren mit der Entwicklung selbstlernender Software (Lernalgorithmen). Die Absicht war: *Autonome Computersysteme* zu bauen, die (nach dem Vorbild menschlicher Intelligenz) eigenständig Probleme bearbeiten und lösen können.

Beispiel: Autonome Robotersysteme in selbststeuernden Autos sollen Umgebung und Situation erfassen, interpretieren und in entsprechende Steuerungsbefehle umsetzen können. Für Vorhaben wie dieses wird gegenwärtig (hauptsächlich in westlichen Ländern und in China) ein neues, hochleistungsfähiges Mobilfunknetz eingerichtet. Sein Name: 5G (fünfte Generation). Es soll weltweite Echtzeitübertragung ermöglichen. Das ist gleichsam eine technisch notwendige Hardware (oder Infrastruktur) als Bedingung für das Funktionieren der KI.

Jürgen Schmidhuber, einer der weltweit führenden KI-Forscher und wissenschaftlicher Direktor des Schweizer Forschungsinstituts für Künstliche Intelligenz IDSIA in Lugano, entwickelt für internationale IT-Konzerne wie Google, Microsoft, IBM usw. Lernalgorithmen und intelligente Systeme, die sich durch *Selbstorganisation* und *Lernfähigkeit* auszeichnen. Er beschreibt dieses Lernen so:

> „Rohe Rechenkraft ist natürlich nichts wert ohne selbstlernende Software, oft in Form künstlicher neuronaler Netzwerke. Diese Systeme lernen quasi durch Erfahrung selbst, durch Ausprobieren und Scheitern. Ihr Aufbau orientiert sich an den Nervenzellen im Gehirn, und wenn eine solche KI lernt, bilden sich zwischen ihren einzelnen (künstlichen Neuronen) manchmal neue Verbindungen, alte werden gestärkt oder abgeschwächt oder gelöscht" (20).

Schon heute *übertreffen* intelligente Maschinen den Menschen: Im Schach schlagen sie die weltbesten Spieler seit Jahren. Das autonome Computersystem ‚Watson' von der

IBM, für viele der Inbegriff des heute (Stand 2016) möglichen KI-Potenzials, erstellt (unter anderem) Leukämie-Diagnosen in zehn Minuten, wofür menschliche Ärzte zwei Wochen bräuchten (21).

> Schmidhuber: „Heutige Rechner sind dem Menschen noch nicht grundsätzlich überlegen, sie können bloss ein paar wenige Dinge gut. Aber sie sind in dem, worin sie gut sind, sehr viel präziser und schneller als ein Mensch. Und sie werden immer besser … Ein grosser Teil der medizinischen Diagnostik wird in Zukunft durch KIs erledigt werden. Sie sind darin ganz einfach viel besser als der Mensch. Der Weltmarkt für personalisierte Big-Data-Medizin wird 2030 laut Studien rund 250 Milliarden Dollar betragen" (22).

KI steckt heute, für viele nicht bewusst, auch in Geräten des Alltags, z.B. in Smartphones. Diese ‚schlauen Telefone' erkennen und übersetzen Sprachen in Echtzeit, sammeln aber (als 'Superwanzen') auch Daten für den Big Brother. China ist hier führend, andere Staaten werden folgen. In China wurde zur flächendeckenden Überwachung ein Sozialkredit-System entwickelt, bei dem z.B. schon das Nichtbesitzen eines solchen Gerätes verdächtig ist. – Und für die hier verwendete Technologie interessieren sich auch die Militärs – für den Einsatz in autonomen Waffensystemen (23).

Die Entwicklung der KI-Technologie geht rasant voran. Gemäss Schmidhuber werden wir bald

> „ein kleines Gerät mit der Rechenkraft eines menschlichen Hirns bekommen. Und (vielleicht) schon fünfzig Jahre später eines, das so viel leistet wie alle Hirne

aller Menschen zusammen. Es ist offensichtlich, dass sich damit alles ändert" (22). Google scheint in dieser Sache führend zu sein.

Der Historiker Yuval Noah Harari zu diesem technologischen Fortschritt aus seinem Buch 'Eine kurze Geschichte der Menschheit' (München 2015):

„Das Blue Brain Project, das 2005 ins Leben gerufen wurde, will ein vollständiges menschliches Gehirn in einem Computer rekonstruieren und ... die neuronalen Schaltkreise des Gehirns nachahmen. Der Leiter des Projekts behauptet, in ein oder zwei Jahrzehnten könnten wir das erste Gehirn in einem Computer simulieren, das so spricht und denkt wie ein Mensch. Viele Wissenschaftler widersprechen zwar, weil sie der Auffassung sind, dass das menschliche Gehirn nicht nach dem Prinzip eines digitalen Computers funktioniert, doch wir sollten die Möglichkeit nicht einfach abschreiben. Im Jahr 2013 förderte die EU dieses Projekt mit ... 1 Milliarde Euro – die Bürokraten scheinen es jedenfalls ernst zu nehmen" (S. 499).

Zudem werden „in der kommenden historischen Epoche nicht nur neue technologische ... Revolutionen anstehen, sondern auch ... das menschliche Bewusstsein und die menschliche Identität (werden) sich von Grund auf verändern. Diese Veränderungen werden so grundsätzlicher Natur sein, dass die Bezeichnung ‚menschlich' nicht mehr zutrifft. Wieviel Zeit wird bis dahin vergehen? Das ist schwer zu sagen. Hin und wieder wird behauptet, schon im Jahr 2050 könnte es die ersten unsterblichen Menschen geben. Weniger radikale Prognosen sprechen vom kommenden Jahrhundert oder Jahrtausend" (S. 504f).

In einem Vortrag spricht auch Schmidhuber von der Jahreszahl 2050, die er Omega nennt (24). Diese Zahl sei Ergebnis einer mittels hochkomplexer Software errechneten „optimalen Zukunftsvorhersage aus bisher beobachteten Daten" (Wikipedia zu ‚Jürgen Schmidhuber').

Beim üblichen Industrie-Roboter sind die praktischen Abläufe, d.h. die Problemlösungen programmatisch durch den Menschen festgelegt. Die Technik ist dadurch noch relativ sicher und kontrollierbar. Beim autonomen Roboter hingegen übernimmt die KI selbst die Lösungsfindung. Ihr Verhalten, ihre *Unvorhersehbarkeit* kann zum Problem werden. Einmal verselbständigt, programmiert sie sich aufgrund der Lernalgorithmen gleichsam selbst weiter. Mit unabsehbaren Folgen: Der Mensch kann Kontrolle und Steuerung verlieren, autonome Waffen können in 'falsche Hände' geraten.

Offene, teils spekulative Fragen

Was passiert, wenn autonome Computersysteme immer intelligenter werden? Werden sie zu Problemlöser und Diener des Menschen? Oder werden sie diesen einst übersteigen und sogar den weiteren Gang der Geschichte selbst bestimmen, eben *autonom* (= eigengesetzlich, von griech. autos = selbst, nomos = Gesetz), wie von namhaften Kritikern befürchtet (25)?

Wo bleibt dann der Mensch, der doch seit der Aufklärung die Autonomie (genauer: geistige Autonomie) immer mehr für sich selbst beanspruchte?

Oder wird es vielleicht bald möglich sein, den gesamten Bewusstseinsinhalt eines menschlichen Gehirns per Brain Scan auf einen selbstlernenden Computer zu überspielen? Um dann, nach dem physischen Ableben, als digitaler Geist *posthuman* und unsterblich weiterzuleben? – Erinnert das nicht an Nietzsches „Übermenschen", der „die dunkle Wolke Mensch" übersteigt, hinter sich lässt und damit die nächste Evolutionsstufe einläutet (26)?

Versuch, das Phänomen KI begrifflich zu erfassen

Ausgehend von der aristotelischen Lehre der fünf Ursachen eines Wesens oder Dinges macht Lauenstein in einem Aufsatz aus dem Jahr 1964 eine erstaunliche Aussage:

> „Der Stoff ist gelegentlich Quellort einer Verwirklichung, die wir ‚von selbst' (griech. automaton) nennen. Das Vonselbst ist die Verwirklichung eines Dinges oder Wesens, ohne dass die Form derselben für unseren Blick gegenwärtig mitwirkte ... Der Stoff ist (auch) der Ort des Zufalls (tyche). Von dem ‚*Von selbst*' und dem *Zufall* zu reden, ist Verlegenheit. – Sie erscheinen wie eine blinde Nachahmung der *Form* oder des *echten Anfangs* der Bewegung (Anm. und Hervorhebungen MF)" (27).

Bei einer Verwirklichung sind demgemäss zwei prinzipiell verschiedene Ursachen oder Gründe zu unterscheiden:

Erstens die aristotelisch gedachte Form. – Als Selbstwirksamkeit ist sie die Hauptursache der Verwirklichung oder Entwicklung eines *organischen* Wesens (etwa der Pflanze). Anfang und Ziel sind weitere Ursachen oder Gründe dieser Entwicklung.

Zweitens das Vonselbst (automaton). – Dieses stammt hingegen aus dem Stoff, scheint aber die Form nachzuahmen (oder zu simulieren). So kann das Vonselbst als Verwirklichung eines (nicht organischen, sondern) *anorganischen* ‚Wesens' bezeichnet werden. Solches Wesen ist anorganisch, weil in ihm nicht Form und echter Anfang wirken, sondern Vonselbst und Zufall, deren Quelle formnegierter Stoff ist.

Als Beispiel eines solchen anorganischen Wesens kann die beschriebene autonome Maschine oder KI genannt werden. Wie unsere bisherigen Untersuchungen gezeigt haben, ist die KI rein *algorithmisch-mathematische Intelligenz.* Sie zeichnet sich durch ihre rekurrente Fähigkeit aus, sich selbst optimieren oder verbessern zu können. Das Vonselbst ihrer Bewegung oder Verwirklichung entsteht dann, wenn diese Intelligenz mit Elektrizität (also mit physikalischen Prozessen) verbunden wird.

Was also die *Form* als Hauptursache für die Verwirklichung oder Entwicklung des *organisch-autonomen* Wesens ist, das ist das *Vonselbst* für das intelligente, sich selbst optimierende, *anorganisch-autonome* Maschinenwesen.

Und dieses Vonselbst (automaton) scheint der eigentliche Grund zu sein für das erwartete grenzenlose *Potenzial* der KI, die damit fähig sein soll, alle Lebensbereiche des Menschen – und diesen selbst – tiefgreifend zu verändern.

Bei der KI-Technologie geht es, wie schon geschildert, um den Versuch, die physiologischen Prozesse des menschlichen Gehirns mit Hilfe von Lernalgorithmen nachzubilden, zu simulieren. Dem liegt natürlich die Annahme einer prinzipiellen Analogie zwischen künstlicher und menschlicher Intelligenz zugrunde. – Wenn ein Mensch sagt, er denke oder lerne, sollen auch in seinem Gehirn algorithmisch-mathematische Prozesse stattfinden.

In Wikipedia (zu ‚künstliche Intelligenz‘) wird denn auch angedeutet, dass es hier keinen wesentlichen Unterschied gibt:

> Die KI entspreche im „Aufnehmen und Erlernen von Wissen (sowie) im Kombinieren und Schlussfolgern aus diesem Wissen … oft dem, was Menschen sich (durch ihre kognitive Intelligenz) in einer akademischen Ausbildung aneignen".

Ausblick

„Der Mensch wird keine dominante Rolle mehr spielen" (Schmidhuber, siehe Anm. 22).

Die anorganisch-autonome KI spielt eine immer grössere Rolle in Leben und Kultur des Menschen. Dessen – einst in der Aufklärung erwachtes – Potenzial der eigenen geistigen *Autonomie und Individualität* scheint durch diese Entwicklung wieder in Frage gestellt zu werden. Mit der Fähigkeit der Selbstoptimierung und der steigenden Leistungsfähigkeit wird die KI den Menschen, wenigstens soweit es die rein rational-kognitive Intelligenz betrifft, überholen und in die Zweitrangigkeit verdrängen.

Das nächste Kapitel beleuchtet die möglichen Folgen dieser Entwicklung genauer. Eine Entwicklung, die auch von den Resultaten der Neurowissenschaft und Hirnforschung vorangetrieben wird. Denn diese gründen auf dem gleichen paradigmatischen Fundament wie die KI-Technologie. – Gemeint sind die Folgen und Auswirkungen für die ideenrealistisch verstandene Individualität oder das potenziell der Selbstbestimmung fähige Ich als bedeutendste Form unserer Biosphäre (28).

6. Die unabhängige Instanz namens ‚Ich': Ein dramatischer Irrtum?

Früher waren es Soziologen und Sprachwissenschaftler, die aufgrund der Resultate ihrer Sonderwissenschaften meinten, philosophische Kardinalbegriffe (wie Freiheit, Ich, Bewusstsein) in Frage stellen zu müssen. Heute sind es *Neurowissenschaftler*. Mit der Fokussierung ihrer Forschung auf die neuronalen Vorgänge im menschlichen Gehirn glaubt die Neurowissenschaft, die neue Leitdisziplin vor allem der Humanwissenschaften zu sein. Unterstützt etwa durch eine „Theorie des Gehirns oder Geistes" des Neurophilosophen Thomas Metzingers, hält sie sich sogar für fähig, ein altes philosophisches Problem, das sogenannte *Leib-Seele-Problem* endlich lösen zu können.

Neurowissenschaftler und Hirnforscher äusserten sich dazu in einem exklusiven, vielbeachteten Schreiben mit dem Titel: 'Das Manifest. Elf führende Neurowissenschaftler über Gegenwart und Zukunft der Hirnforschung' (erschienen in 'Gehirn und Geist' 6/2004) wie folgt:

„Die Hirnforschung wird in absehbarer Zeit, also in den nächsten 20 bis 30 Jahren, den Zusammenhang zwischen neuroelektrischen und neurochemischen Prozessen einerseits und perzeptiven, kognitiven, psychischen und motorischen Leistungen anderseits erklären ... Man wird widerspruchsfrei Geist, Bewusstsein, Gefühle, Willensakte ... als natürliche Vorgänge ansehen, denn sie beruhen auf biologischen Prozessen ... Auch wenn wir die genauen Details noch nicht kennen, können wir davon ausgehen, dass alle geistig-psychischen Zustände grundsätzlich durch physikochemische Vorgänge beschreibbar sind".

Determinismus auch in der Hirnforschung

Das physikalistische Paradigma, wonach die Welt als ein geschlossenes, kausaldeterministisches Ganzes anzusehen sei, beherrscht auch die moderne Hirnforschung. – *Determinismus* ist die Ansicht, jeder Zustand des Kosmos sei eine naturgesetzlich bestimmte Folge des vorhergehenden. Und die aufeinander folgenden Zustände stünden in kausaler Beziehung zueinander. Diese Ansicht ist laut der Physikerin und Philosophin Brigitte Falkenburg

> „eine sehr starke Behauptung, von der die moderne Physik in vielen Bereichen längst abgerückt ist. Dagegen greift die Hirnforschung wieder auf sie zurück, was die Debatte um die Willensfreiheit ausgelöst hat … Wir könnten in unserem Handeln strikt determiniert sein, ohne es zu wissen … Genau dies behauptet der neuronale Determinismus von Hirnforschern wie Wolf Singer und Gerhard Roth (beide waren Mitunterzeichner des erwähnten Manifestes, Anm. MF)" (29).

Wenn ein Mensch sagt, er denke, plane und entscheide, dann findet der Hirnforscher mit seiner empirisch-experimentellen Methode im neurobiologischen Netzwerk des menschlichen Gehirns nur messbare elektrochemische

Prozesse. Diese werden auch als „neuronales Feuern" bezeichnet. Wenn das Gehirn arbeitet, also ‚denkt', feuern die Neuronen elektrische Signale ab.

In welchem *Verhältnis* stehen nun jene kognitiven Funktionen (Wahrnehmen, Denken, Planen, Entscheiden) zu diesen neurophysiologischen Prozessen?

Wolf Singer, Direktor am Max-Planck-Institut für Hirnforschung in Frankfurt, gilt als einer der entschiedensten Deterministen unter den Neurowissenschaftlern. Im Buch 'Hirnforschung und Willensfreiheit. Zur Deutung der neuesten Experimente', hrsg. von Christian Geyer (Frankfurt am Main 2013) findet sich ein *Grundsatzbeitrag* von Singer mit dem (schon alles aussagenden) Titel: „Verschaltungen legen uns fest: Wir sollten aufhören, von Freiheit zu sprechen".

Seine Thesen spielen eine grundlegende Rolle auch in Metzingers Konzept einer *Neurophilosophie*. Diese erhebt den Anspruch, eine moderne „Theorie des menschlichen Geistes" auf der Grundlage von Neurowissenschaft und Hirnforschung zu sein. Thomas Metzinger spricht in seinem Buch 'Der Ego-Tunnel' (München 2015) von einer gegenwärtig stattfindenden

> „naturalistischen Wende im Menschenbild (S. 17) ... Dieser Prozess wird nicht nur durch die Molekulargenetik und die Evolutionstheorie angetrieben, sondern auch durch die kognitive Neurowissenschaft des Bewusstseins (S. 302) ... Wir beginnen nun auch unsere mentalen (oder kognitiven) Fähigkeiten zunehmend als *natürliche* Eigenschaften unserer selbst zu begreifen, als Eigenschaften, die mit den Methoden

der Naturwissenschaften erklärt, prinzipiell technologisch kontrolliert und vielleicht sogar auf nicht-biologischen Trägersystemen (z.B. in intelligenten Maschinen) erzeugt werden können (S. 374f) (Anm. und Hervorhebungen MF)".

Zurück zu Singers Grundsatzbeitrag: Dieser enthält zentrale Aussagen zum genannten Verhältnis der kognitiven Funktionen zu den neurophysiologischen Vorgängen. Er enthält auch Aussagen zum Erkenntnisprozess und zu Grenzen des Wissens:

„Wir können nur erkennen, was wir (empirisch) beobachten, denkend ordnen und uns vorstellen können. Was für unsere kognitiven Systeme unfassbar ist, *existiert nicht für uns*. Die Grenzen des Wissbaren werden demnach durch die Beschränkungen der kognitiven Fähigkeiten unseres Gehirns gezogen … Unsere kognitiven Funktionen beruhen auf *neuronalen Mechanismen*, und diese sind ein Produkt der Evolution … (Diese Funktionen oder) Verhaltensmanifestationen (wie Wahrnehmen, Vorstellen, Planen, Entscheiden, auch die Fähigkeit Emotionen zu haben) … sind mit den *physiko-chemischen Interaktionen* in den Nervennetzen (zwar) nicht gleichzusetzen, gehen aber dennoch kausal erklärbar aus diesen hervor … (Zum Erkenntnisprozess:) Unsere Sinnessysteme sind zwar hervorragend angepasst, um aus wenigen Daten sehr schnell verhaltensrelevante Bedingungen zu erfassen, aber sie legen dabei keinen Wert auf Vollständigkeit und Objektivität … (Sie) bedienen sich dabei des im Gehirn gespeicherten Vorwissens. Dieses speist sich aus zwei Quellen: (Aus dem) im Laufe der Evolution erworbenen Wissen über die Welt, das vom Genom verwaltet wird … (sowie aus dem) zu Lebzeiten durch Erfahrung erworbenen Wissen. Gehirne nutzen dieses Vorwissen, um (aktuelle) Sinnessignale zu interpretieren und in grössere Zusammenhänge einzuordnen (Anm. und Hervorhebungen MF)".

Weil demgemäss unsere kognitiven Fähigkeiten nicht unbeschränkt seien, gebe es *Grenzen* des Wissens und der Erkenntnis. Was jenseits dieser Grenzen liege, was also nicht empirisch-experimentell beobachtet, nicht mittels Physik und Mathematik erfasst und verarbeitet werden kann, das gilt als *nicht erkennbar* – und gehört, positivistisch gedacht, in den Bereich der Metaphysik.

Singers Beschreibung des *Erkenntnisprozesses* (oder Wissenserwerbs) enthält zudem die Annahme einer prozessualen Analogie zwischen Gehirn und Computer, die wir schon bei der KI angetroffen haben.

Und auf die oben gestellte Frage wird eine Antwort gegeben: Unsere psychisch-geistigen Funktionen (also auch die Wahrnehmungs- und Erkenntnisprozesse) seien mit den neurophysiologischen Prozessen im Gehirn zwar nicht identisch, "gehen aber dennoch kausal erklärbar aus diesen hervor".

Das bedeutet:

Die Lösung des zu Beginn thematisierten Leib-Seele-Problems besteht hier also in einer radikalen Reduktion des Psychisch-Geistigen aufs Physische. Das ist eine *kausaldeterministische Deutung* als Folge nominalistischer

Formnegation zugunsten stofflicher Prozesse und ihrer zwingenden Gesetze.

Nicht das Ich entscheidet, sondern das Gehirn

Wahrnehmungs- und Erkenntnisprozesse werden also nicht als willentliche Denk- und Erkenntnistätigkeiten eines unabhängigen Ich gesehen, sondern – in Analogie zum Computer – als Daten erfassende und verarbeitende kognitive Funktionen, die auf „neuronalen Mechanismen" beruhen. – Gibt es hier also keinen Agens, kein autonomes Ich?

> Singer aus seinem Grundsatzbeitrag: „Bei alldem begleitet uns das Gefühl, dass wir es sind, die diese (mentalen Funktionen) kontrollieren. Dies aber ist mit den deterministischen Gesetzen, die in der dinglichen Welt herrschen, nicht kompatibel ... Wir wissen heute, dass sich unsere Intuition (= unser Gefühl) in diesem Punkt *auf dramatische Weise irrt*. Schaltdiagramme der Vernetzung der Hirnrindenareale lassen jeden Hinweis auf die Existenz eines singulären Konvergenzzentrums vermissen. Es gibt *keine Kommandozentrale*, in der entschieden werden könnte, in der das ‚Ich' sich konstituieren könnte. Hochentwickelte Wirbeltiergehirne (womit auch Menschengehirne gemeint sind) stellen sich vielmehr als hochvernetzte, distributiv organisierte Systeme dar, in denen eine riesige Zahl Operationen gleichzeitig ablaufen (Anm. und Hervorhebungen MF)".

Einen thematisch ähnlichen Artikel veröffentlichte Singer in der FAZ schon am 8.1.2004 mit dem bezeichnenden Titel: 'Keiner kann anders, als er ist. All unser Denken und Tun ist mit dem Ablauf neuronaler Prozesse zu erklären'. Auch in diesem Artikel, der damals eine heftige Debatte auslöste, drückte er sich deutlich zum Thema Ich und Freiheit aus:

> „Wir neigen dazu, eine von neuronalen Prozessen unabhängige Instanz anzunehmen, die neuronalen Abläufen vorgängig ist: Eine Instanz, die sich Sinnessignale und Speicherinhalte bewusstmachen kann, daraus Schlüsse zieht, eine Option als gewollt identifiziert und diese dann in Handlung umsetzt".

Aber diese Annahme sei eben ein Irrtum. Denn aus neurowissenschaftlicher Sicht lasse sich eine solche *Instanz* in den neuronalen Strukturen und Prozessen des Gehirns weder beobachten noch erkennen. – Etwas anderes ist nicht zu erwarten, weil mit der nominalistischen Nichtbeachtung der Form auch der Ich-Begriff aus diesem physikalistischen Begriffssystem ausgeschlossen wurde.

In den Resultaten der Hirnforschung kommt folglich auch der Begriff der *Arbeit* nicht vor, schon gar nicht derjenige der schöpferischen Arbeit des erkennenden und handelnden Menschen. Stattdessen findet die Neurowissenschaft in unseren Köpfen nur algorithmische Prozesse des *Verarbeitens* von Daten und Informationen. Umfangreiche neurobiologische Untersuchungen hätten gemäss Metzinger gezeigt, dass unsere Gehirne nichts anderes seien als „natürliche Informationsverarbeitungssysteme, die im Verlauf der biologischen Evolution ... entstanden sind" (30).

Neuronale „Verschaltungen legen uns fest". Daher ist hier die Rede von Entscheidungsfreiheit oder gar schöpferischer Erfindungsfreiheit sinnlos. Dazu schreibt Gerhard Roth in seinem Beitrag („Wir sind determiniert. Die Hirnforschung befreit uns von Illusionen") im oben genannten Buch 'Hirnforschung und Willensfreiheit':

> Unserem bewusst erlebten Denken und Handeln „gehen notwendig und offenbar auch hinreichend unbewusste neuronale Geschehnisse *voraus* ... Der Neurobiologe weist darauf hin, dass der bewusste (und subjektiv erlebte) Willensakt gar nicht der Verursacher der Bewegung sein könne, weil diese Bewegung bereits vorher durch neuronale Prozesse festgelegt, d.h. kausal (und objektiv) verursacht sei ... Mir scheint der Satz 'Nicht das Ich oder mein bewusster Willensakt, sondern das Gehirn hat entschieden' korrekt zu sein (Anm. MF)".

Mit dem Ich oder der Individualität des Menschen stellen Hirnforscher auch das philosophische *Konzept der Freiheit* zur Disposition.

Lauensteins Entgegnung aus begriffsrealistischer Sicht:

> „Der Nominalismus, zu welchem der Positivismus philosophisch gehört, verneint die Individualität im Menschen. Wenn die moderne Naturwissenschaft als seine Nachfolgerin den geistigen Kern nicht findet, so präsentiert sie damit nicht etwa ein Ergebnis ihrer Forschung, sondern ihre (kategoriale) Voraussetzung, welche einen solchen Begriff gar nicht zulässt" (31).

Naturalistisches Menschenbild

Nicht nur Metzinger zieht in seiner neurophilosophischen Theorie Rückschlüsse aus den aktuellen Resultaten der Hirnforschung indem er, wie schon erwähnt, von einer „naturalistischen Wende im Menschenbild" spricht. – Auch im oben erwähnten Manifest führender Neurowissenschaftler finden wir entsprechende Aussagen:

> „Geist und Bewusstsein ... fügen sich in das Naturgeschehen ein und übersteigen es nicht. (Sie) sind nicht vom Himmel gefallen, sondern haben sich in der Evolution der Nervensysteme allmählich herausgebildet. Das ist vielleicht die wichtigste Erkenntnis der modernen Neurowissenschaften".

Zum Kern unseres Menschseins stellt Metzinger fest: „Es gibt kein Selbst", wenigstens keines im traditionellen Sinne. Im Lichte der Neurowissenschaften hätten die alten Begriffe ‚Selbst' oder ‚Ich' ausgedient. Das Selbst sei nichts Dauerhaftes oder Gleichbleibendes, wie z.B. Kant das „identische Selbstbewusstsein" noch als das alles Vorstellen und Denken begleitende und sich stets gleichbleibende Bewusstsein des ‚Ich denke' definierte. Auf die Annahme einer solchen ontologischen Entität könne oder müsse die Neurophilosophie verzichten. Was bisher als Selbst interpretiert wurde, sei gemäss Hirnforschung nur ein weitverteilter Vorgang im Gehirn – ohne ein Zentrum, in welchem die Ergebnisse dieser weitverteilten Rechenvorgänge in zusammenhängender Weise ausgewertet werden könnten.

Aus Sicht dieses naturalistischen Paradigmas ist also die unabhängige Instanz namens Ich eine *Illusion*. – Doch gerade diese Illusion, ein selbstbewusstes Ich zu sein (so wird interpretiert), sei *evolutiv* äusserst nützlich gewesen. Sie habe dem höchsten Tier ‚Mensch‘ (gemäss Nietzsche immerhin das „noch nicht festgestellte Tier") das Gefühl der Überlegenheit verliehen und damit ein effizientes Element seiner Höherentwicklung.

Fazit

Für die nominalistisch und naturalistisch geprägte Sonderwissenschaft, die Neurowissenschaft (und mit ihr die Neurophilosophie), war also die bisherige, traditionelle Annahme eines Ich, das unabhängig, autonom sein soll, ein Irrtum.

Hirnforschung gründet, wie auch die KI-Technologie, im physikalistischen Paradigma, das die Technik und fast alle anderen wissenschaftlichen Disziplinen der Neuzeit und Moderne dominiert. In diesen form- und ideennegierenden Begriffssystemen kommt der Begriff des menschlichen Ich schlicht nicht vor.

Diesem Paradigma wird im folgenden Kapitel ein genuin philosophischer Entwurf entgegengestellt. Er thematisiert die Möglichkeit und Notwendigkeit einer Weiterentwicklung der in der Aufklärung entstandenen Idee der Befreiung des Denkens vom Zwang der geprägten oder dogmatisierten Form.

7. Lauensteins Konzept der Individualität

In seinem philosophischen Werk ‚Das Ich und die Gesellschaft' (1974) entwickelt Lauenstein ein *begriffsrealistisches* Konzept der Individualität – hauptsächlich aufgrund der Sichtweise Plotins und Fichtes sowie im Kontrast zu den bedeutendsten Vertretern der neueren philosophischen Soziologie (Max Weber und Jürgen Habermas). Einen Gegenentwurf zum heute (auch in der Soziologie) dominierenden nominalistischen Paradigma.

Er entwirft dabei weder eine neue Philosophie, noch lässt er ein altes philosophisches System, etwa die klassisch-idealistische Philosophie der Griechen, unverändert aufleben. Sondern er greift „vorhandene Grundlinien im europäischen Kulturstrom" auf und entwickelt daraus ein zeitgemässes Konzept, das die Entdeckung, Möglichkeit und Entfaltung der schöpferischen Individualität des einzelnen Menschen als das *Eigentliche* der „europäischen Mitte" darstellt. Diesen Kern als das tragende Grundelement einer Gesellschaft gilt es im Folgenden herauszuarbeiten.

Zwei Hauptströmungen philosophischen Denkens

Aristoteles und Galilei konnten – ich erinnere an die Frage Kuhns zu Beginn dieser Schrift – darum nicht dasselbe sehen, wenn sie die gleichen Objekte vor sich hatten, weil ihre Paradigmata sich grundsätzlich voneinander unterschieden. In der Differenz ihrer Sichtweisen macht sich ein *kategorial bedingter Gegensatz* bemerkbar, der die ganze Philosophiegeschichte entscheidend prägte: Der Gegensatz zwischen *Idealismus* und *Nominalismus*. Das heisst: Zwischen der Auffassung, die Universalien (Ideen, Formen, Begriffe) seien die wesentlichen Inhalte alles Daseienden (= Realismus der Ideen) und der Auffassung, diese Universalien seien nur inhaltlose Abstraktionen, Namen, Bezeichnungen oder Symbole, mit denen der menschliche Intellekt die sinnlich-realen Gegenstände zu beschreiben, ordnen und erfassen suche (= Realismus der empirisch gegebenen Tatsachen und Vorgänge).

Dieser Gegensatz äussert sich im Wesentlichen in einer philosophischen Grundsatz-Debatte zweier Denk-Schulen. Die eine vertritt eine *ideen- oder formbezogene* Denkweise, die andere eine *sinnen- oder stoffbezogene*. Im Spätmittelalter erreichte diese Debatte unter dem Titel 'Universalienstreit' einen Höhepunkt. Diese Denk-Schulen bilden zwei Hauptströmungen abendländischen Denkens, die sich in den Grundzügen auf die Konzepte der griechischen Klassiker Platon und Aristoteles zurückführen lassen. Die Auseinandersetzung zwischen diesen beiden Denk-Linien durchzieht, mehr oder weniger offensichtlich, die ganze Geschichte der Philosophie.

Die eher *idealistisch-klassische Strömung* ging von Platon als auch Aristoteles aus, vor allem aber von Platon. Auf dieser Linie bewegten sich dann Plotin, Augustin, auch Thomas von Aquin sowie die Denker des deutschen Idealismus. Diese betrieben in ihren philosophischen Bemühungen eine Art Grundlagenforschung, d.h. sie suchten nach den einheitlichen, kategorialen Gründen in der Gesamtheit des Seins, um sie in der Regel in einer geschlossenen philosophischen Systematik darzustellen.

Ausgehend von der aristotelischen Naturphilosophie stellt die andere, eine entschieden *sinnenbezogene Linie,* mit dem Aufkommen des galileischen neuen Paradigmas die dominierende Strömung in der Neuzeit dar.

Wie im Kap. 4 (‚Philosophischer Hintergrund: Nominalismus') gezeigt, entstand unter dem Einfluss arabisch-islamischer Aristoteles-Kommentatoren im Spätmittelalter ein stark aufkommender Nominalismus, der schliesslich den damaligen Universalienstreit für sich entschied. Zusammen mit der algorithmischen Mathematik führte dieser philosophische Nominalismus zur Entstehung einer neuen ‚Philosophie', wie Galilei seine neue Physik auch nannte. Als exakte Wissenschaft wurde diese in der Folge zur Grunddisziplin aller Wissenschaft und die (algorithmische) Mathematik zum Kriterium für Wissenschaftlichkeit überhaupt.

Herrschaft der Kategorie des Seins

Diese beiden Denklinien lassen sich in der Philosophiegeschichte meist nicht klar unterscheiden. Ihre Vertreter treffen sich aber meistens, wenn auch auf unterschiedliche Weise, in einem gemeinsamen, entscheidenden Punkt: Das *Sein* ging als Anfang des Denkens und allgemeinste Kategorie allen übrigen Begriffen voraus.

Einer der bedeutendsten Denker des Seins in der neueren Philosophie war Heidegger. Für ihn war die Frage nach dem Sein überhaupt „die einzige Frage der Philosophie". Sein war für ihn „Ereignis", weshalb er von der „Zeitlichkeit des Seins" sprach und damit Bewegung, Veränderlichkeit in die früher *unbewegliche Seinsgegebenheit* hineindachte. Die Herrschaft des kategorialen Seins im Denken hat er aber nicht bezweifelt.

Die mit dem Sein beginnende, starre Kategorienordnung

> „entspricht im Verhalten des Denkers zur Welt ein Zuschauerbewusstsein. In diesem gibt es keine Vereinigung des Denkens mit der Welt durch ein Zusammenspiel, dessen Möglichkeit Kant ausdrücklich verneinte; er war wohl der grösste Zuschauer. Solchem zeigen Mensch und Welt aber nur ihre Aussenseite, ihren Schein" (32).

Die Denker der grossen Systeme lösten die Frage nach dem Anfang des Denkens mit der Setzung des Seins als erste Kategorie. „Zuletzt war es so bei Hegel" (32). Dieser dachte allerdings in seiner „Wissenschaft der Logik" das abstrakte, inhaltleere Sein als das Nichts und umgekehrt, das Nichts als jenes Sein. Genauer bedacht gehen diese beiden Begriffe ineinander über und dieses wechselseitige Übergehen stellt gemäss Hegel sich selbst dar als „Selbstbewegung des Begriffes" oder Selbstentfaltung der Kategorien. Damit wird zwar Bewegung in das System der Kategorien hineingebracht. Diese beruht aber auf der gegebenen Logik des dialektischen Dreischrittes, womit das Problem des Anfangs im Grunde nicht wirklich gelöst wird.

Im Prinzip bezieht sich Philosophie „auf den gemeinsamen Grund allen Denkens, auf den Grund der allgemeinen Kategorien. Als Kant schrieb, die Lehre von den Kategorien habe seit Aristoteles keinen Schritt vorwärts getan, deutete er damit auf die Schwierigkeiten" (33).

Diese Schwierigkeiten bestehen darin, dass die Kategorien in ihrer *festen Ordnung* als metaphysisch gegeben galten. Für Kant etwa sind sie apriorisch gegebene Denkformen und (als solche) Grundvoraussetzungen für Erkenntnis überhaupt.

Folgenreiche Entdeckung

Lauenstein zeigte mit seiner Begriffs- und Kategorienforschung, dass das bisherige, stets mit dem Sein beginnende Kategoriensystem nicht per se als starre *metaphysische Gegebenheit* vorausgesetzt werden muss, wie Kant dies noch glaubte.

Und dass eine feste, gegebene Ordnung einer möglichen und notwendigen *Entwicklung* der schöpferischen Individualität des Menschen entgegensteht.

Kritik der metaphysisch gegebenen Ordnung der Kategorien

Nietzsche verwarf durch seine radikale Metaphysikkritik (mit gewisser Berechtigung) diese alte Ordnung. Das war eine philosophische Negation geprägter Formen. Er ging aber noch weiter: Er verwarf oder negierte auch die Kategorien selbst, die *Ideen und Formen* überhaupt. Er sah, dass die „obersten Werte" der metaphysischen und moralischen Konzepte des griechisch-christlichen Abendlandes aufgrund des im 19. Jh. sich ausbreitenden Positivismus „sich entwerten".

Das nannte er „Heraufkunft des Nihilismus". Mit der alten „Wahrheit", dem „Sein" und allen anderen „obersten Werten" verwarf er in nominalistischer Weise auch gleich die des Ideellen, der Ideale und des Moralischen.

In seiner kurzen „Geschichte eines Irrtums" erzählt der Anti-Metaphysiker Nietzsche in poetisch eindrucksvoller Weise, wie die „wahre Welt", die griechisch-klassische Welt der Formen und Ideen, sich selbst nihilistisch entwertet, wie sie schliesslich „zur Fabel wurde" (34: Die ganze Geschichte in 6 Abschnitten).

Was bleibt am Schluss noch übrig? In den nachgelassenen Schriften von 1887 fragt er sich, den letztmöglichen Schluss ziehend, ob es nicht angebracht sei, „an Stelle der *moralischen* Werte lauter *naturalistische* Werte" zu setzen (Zitat aus Walter Kaufmann: ‚Nietzsche', Darmstatt 1988, S. 119).

Lauensteins Antwort:

> „Das Sein, ja sogar die Wahrheit verloren zu haben, ist für des Menschen Geist kein hoffnungsloser Zustand, sondern Grund zur Arbeit ... Die Kategorien sind denkend neu zu bewältigen, sei es als Grundsteine (des Denkens), sei es gleichsam als Greifarme des Ich, ist des Schweisses wert; sie verändern, wie

sie jeweils angeeignet werden, ihre Ordnung; die Herrschaft unter ihnen wechselt. Die Kategorien aber ohne ernsthafte Gründe zu verwerfen, wie Nietzsche es tat, heisst die Menschheit leichtfertig ins Nichts zu stossen" (35).

„Was bisher als Kategorien geahnt, vereinzelt gewusst, aufgezählt und in eine äusserliche Tafel des Verstandes genötigt wurde, das entspringt (in Fichtes Sprache, Anm. MF) dem sich selbst setzenden, geistigen Ich; mit ihm ist die Identität, das Eine und die Einheit mitgesetzt. Und in der Wendung nach aussen, in dem Setzen, Leiden und Anerkennen der Welt als dem Nicht-Ich, ist die Negation mitgesetzt usw." (36).

Die Kategorien als die grundlegendsten Begriffe des Denkens bleiben Bezugspunkte. Nur ihre alte, vom Sein beherrschte Ordnung hat aufgrund des *geistesgeschichtlichen Wandels* ihre (ewig geglaubte) Gültigkeit verloren. Die Kategorien können vom denkenden Ich überstiegen, verändert, versuchsweise zu neuen Paradigmen geordnet und damit für neue Erkenntnis-Aufgaben fruchtbar gemacht werden.

Dem entspricht ein *denkend-tätiges Sich-Verbinden* mit der Welt, das an die Stelle des passiven Zuschauens tritt:

„Die Welt gibt Antwort auf unser (Denken) in den willentlich bewussten ... Kategorien. Wir bekommen die Welt durch sie in den Griff oder eben nicht; das ist jedes Mal ein Versuch, ein Experiment. In ihm wird die Welt uns reicher, oder sie entgeht uns ... Die Welt erschliesst uns manchmal auch ein bisher unbekanntes Feld (der Erkenntnis), wenn wir die Kategorien verschieben und die Denkfolgen nebst dem, was sie der Wahrnehmung erschliessen, gut beobachten ... Die Welt gibt aufschliessende und verschiedene Antworten, wenn wir ohne Verwirrung Kategorien bewegen" (37).

Und dieses denkend-setzende Ich ist Tun, vorwiegend geistige Arbeit, die aufgrund der Potentialität der Idee schöpferische Verwirklichungen hervorbringen kann – *kein Sein*, weder physische Substanz noch meta-physische Entität, auch nicht ein „weitverteilter (neurophysiologischer, datenverarbeitender) Vorgang im Gehirn".

Die Denker der Antike glaubten an die *Wirklichkeit* des unbewegten Seins (Parmenides), der ewigen und unwandelbaren Ideen (Platon) oder des Einen als den unbewegten Beweger (Aristoteles). – Werden, Vergehen und Schein sahen sie nur in der Sinneswelt.

Möglichkeit und Bewegung auch in der Ideenwelt?

Erst der Neuplatoniker Plotin verlegte in der Spätantike die von Aristoteles nur für natürliche Wesen gedachte *Möglichkeit* und damit Bewegung, Werden in das Eine und somit auch in die Ideenwelt.

> „Das ‚bewegt' als Zusatz zu ‚Idee' wäre (in der Antike) widersinnig (gewesen); man kannte nur den ‚Reigen' der in sich ruhenden Geistgestalten. Hier drückt ihre Bewegung den neuen, über die Antike hinausgehenden Umgang (des Ich) mit den Kategorien aus (Anm. MF)" (38).

Auch Habermas, einer der prägendsten Vertreter der modernen philosophischen Soziologie sieht die erwähnten Schwierigkeiten der tradierten Kategorien (39). Er suchte diese aber nicht mehr im Denken, sondern (nominalistisch konsequent) in der *Sprache*. Er nennt sie „dialogkonstituierende Universalien" und folgt damit

> „Wittgenstein, der den Nominalismus als Leugnung des Gedankens bis zur Neige ausgekostet hat, so dass ihm als Rest allein die Sprache selbst übrigblieb" (40).

Während also Habermas „sich hier zurück zur Erde wendet und statt des Denkens die Sprache findet", verzichtet Lauenstein nicht auf eine anfängliche *Selbstbegründung des Denkens* mittels einer Untersuchung der grundlegendsten Begriffe oder Kategorien als Ausgangspunkt.

„Eine Skizze der Bewegungen innerhalb der Reihe der Kategorien" soll hier weiterhelfen. Genaueres dazu im Kap. 9 (‚Bewegung in der Kategorienordnung').

8. Begriffliche Herkunft der Individualität

Sowohl Platon als auch Aristoteles fassten den Menschen gemäss Lauenstein noch nicht als geistige Einheit oder Individualität auf. Sie verstanden das Individuelle im Menschen noch als *seelische Einheit*, als Wesen im aristotelischen Sinne. Für beide war nur

> „die Art Mensch eine geistige und ewige Wesenheit, aber für den Einzelmenschen haben sie dies nicht nachgewiesen und zunächst sogar verneint ... Der Einzelmensch ist also nur ein Exemplar ... (Bei Aristoteles) haben wir den Versuch, wenigstens auf seelische Weise ein Individuum philosophisch zu erfassen (Anm. MF)“ (41).

Habermas als prominenter Vertreter der in der Soziologie dominierenden neomarxistischen Denkweise, spricht ebenso vom Einzelnen als *Exemplar* der Gattung Mensch. Und nur diese Gattung, als die höchste Art unter den Tieren, habe eine bleibende Bedeutung. Der Einzelmensch könne jedoch als vergängliches Wesen durch Teilnahme am allgemeinen „demokratischen Diskurs“ Wirksames zur Erhaltung und Weiterentwicklung der Gesellschaft, also der Gattung Mensch, beitragen.

Wenn es um Verstehen und Begreifen der Individualität als Antwort auf die Ich-Illusion des nominalistischen Paradigmas geht, dann sind die dazu nötigen Begriffe in einer

Weiterentwicklung der klassisch-idealistischen Philosophie zu suchen.

Die entscheidenden kategorialen Grundlagen für die begriffliche Erfassung des *menschlichen Ich* als geistige Einheit wurden im 3. Jh. n.Chr. von Plotin geschaffen – einem Neuplatoniker (42).

Augustinus und vor allem Fichte haben diese weiterentwickelt. Zu nennen sind auch Descartes (als „schwache Brücke") und teils auch Hegel (mit seiner „Arbeit des Begriffs").

Hegel „entwickelte aber so wenig wie Platon einen Begriff des geistigen Individuums", wie es Fichte auf der Grundlage Plotins tat. Hegel ist nicht ganz in die Potenzialität der Individualität „vorgedrungen, weil er immer noch in ausgeprägten Ideen denkt. Fichtes Ich ist ursprünglicher gedacht als der allgemeinste Begriff, als welchen Platon und Hegel das Sein ansahen. Das Ich ist ursprünglicher, auch wenn im Sein die Keime aller übrigen Begriffe liegen sollten" (43).

Plotin interpretierte die platonischen und aristotelischen Grundbegriffe in neuer Weise. Im Wesentlichen übertrug er die Möglichkeit (dynamis, potentia), die Aristoteles „allein in der Materie wie der Same im Acker" fand, nun auch auf die Potenzialität des menschlichen Denkens. Er schuf damit

„tragende philosophische Voraussetzungen zum Verständnis einer geistigen Individualität des einzelnen Menschen. Er bereitete den Begriff des geistigen Ich vor" (44).

Augustinus übernahm Plotins Begründung und vervollständigte sie dadurch, dass er das Denken mit dem Willen verband. Er fasste die Einsichtskraft (das Denken) und die Willenskraft in eine *geistige Einheit* zusammen, in die menschliche Individualität.

> „Diese Idee des geistigen Ich wurde nach Augustin wieder verloren, bis sie vollgültig wiedergeboren wurde unter den Voraussetzungen der kantischen Philosophie bei Fichte" (45).

Im 17. Jh. hatte Descartes nur scheinbar diesen Ich-Begriff wieder aufgegriffen. Er suchte eine anfängliche Selbstbegründung des philosophischen Denkens und argumentierte (in seinen ‚Meditationes de prima philosophia‘ 1641) vom Zweifel her: „Dubito ergo sum, quod vel idem est, cogito ergo sum" (ich zweifle also bin ich, was so viel bedeutet wie, ich denke also bin ich). Er analysierte das denkende Ich und bestimmte es als res cogitans (= denkende Substanz, die er auch Geist, Seele oder Bewusstsein nannte). Das 'Ich denke' kann alles bezweifeln, nur nicht sich selbst. Dieser sichere Ausgangspunkt lasse den Schluss auf die Gewissheit der eigenen Existenz, des eigenen Seins zu.

Descartes' Philosophie ist geprägt von seiner Praxis als Mathematiker und vom Einfluss der neuen Physik. Seine Schlussfolgerungen ergeben sich aus logischen Überlegungen, nicht aus *Einsicht des denkenden Ich* in die Potenzialität der Idee und in die Gewissheit des eigenen Denkens. – Das denkende Ich ist keine Substanz, hat kein Sein, ist vielmehr (Denk-)Tätigkeit. Im besten Fall willentlichschöpferische Denk- und Erkenntnistätigkeit. Im schlechteren aber nur ein Sich-Bewegen in schon gegebenen logisch-mathematischen Strukturen mit der Tendenz zu einem ‚Vonselbst', bei dem das sonst gestaltende Ich in eine Zuschauer-Rolle gedrängt wird.

Im Sinne des aufkommenden kausaldeterministischen Paradigmas entwickelte Descartes auch eine *mechanistische Theorie*, die den aristotelischen Begriff des Organischen entschieden verneinte. Er reduzierte den menschlichen Organismus auf dessen anorganische Mechanik, verstand ihn als mechanischen Apparat. Die Fortsetzung dieser Denkweise finden wir heute in der Interpretation der Hirnforscher, für welche, wie schon dargestellt, die kognitiven Hirnfunktionen auf „neuronalen Mechanismen" beruhen und das menschliche Gehirn (in Analogie zum elektronischen Gehirn des Computers) ein „natürliches informationsverarbeitendes System" ist.

In Lauensteins Konzept der Individualität in der Denkweise Plotins und Fichtes stellt sich dagegen

> das „Tiefste im Menschen nicht in seinen Begriffen dar, auch nicht einmal in dem Weg, der ihn zu den Ideen führt, sondern in der reinen Möglichkeit zu Einsicht und Handeln, in einer Geisteskraft, welche hinter den Begriffen und Ideen liegt. Es handelt sich um Schöpferkraft; sie ist das Ich ... Fichte beginnt nicht mit einem allgemeinen und seienden Begriff ... Begriffe und Ideen werden nicht als fertig vorgestellt ... Das erste ist bei ihm nicht das Sein, sondern eine unaufhörliche Handlung, eine Tat, das Ich" (46).

Entscheidend für dieses Konzept war, wie schon verschiedentlich angedeutet, Plotins Übertragung der polaren Grundbegriffe *Möglichkeit* und *Wirklichkeit* auch auf die geistige Einheit des Ich.

Plotin verwendete diese beiden Grundbegriffe für die Unterscheidung zwischen der Potenzialität der Ideen (als noch unsichtbare Formen) einerseits und den ausgeprägten oder deutlich bestimmten Begriffen anderseits (47). Aus dem potenziellen Fundus der Ideenwelt gehen durch das wahrnehmende und erkennende Ich die verwirklichten Begriffe hervor. – In diesem Neubilden von Begriffen, „im selbstveranlassten Übergang von der Möglichkeit zur Wirklichkeit" (48) lebt der Wille oder das *schöpferische* Ich.

> „Nur durch diese Möglichkeit (die philosophisch in der Ideenwelt, theologisch in Gott liegt, Anm. MF) erweist sich das Ich als schöpferisch". Dabei lässt es „den Stoff hinter sich ... und bindet sich auch nicht mehr an eine einmalige geprägte Form ... Es erfasst sich selbst in der Einheit, befreit sich in der Negation und erneuert sich aus der geistigen Möglichkeit" (49).

Schlussfolgerung

Geistig verstandenes Ich ist schöpferisch tätiges Ich und geht als solches idealiter über Determination und Kausalität der natürlichen und seelischen Person hinaus. In der *Person* finden sich gemäss Lauenstein die drei Naturreiche Elemente, Pflanzen und Tiere, nicht aber im Ich, auch wenn sie „mit dem Ich in der einen menschlichen Person zusammenspielen" (50). Person sowie Persönlichkeit bilden die Basis für die irdische Wirksamkeit und Entwicklung der Individualität.

9. Bewegung in der Kategorienordnung

Wenn Niklas Luhmann 1970 schreibt: „Der Funktionalismus macht sich auf den Weg, alle Substanzen in Funktionen aufzulösen und alles, was ist, mit anderen Möglichkeiten zu vergleichen", dann hätte auch Lauenstein dem zugestimmt, sofern die damit angesprochene ‚Wendung zur Subjektivität' eine *Wende zum schöpferischen Ich* meint (51).

Dazu genügt heute weder das Feststellen der grundlegendsten Begriffe des Denkens, der Kategorien, in einem apriorischen, geschlossenen System, noch das gänzliche Negieren derselben zugunsten eines radikalen Naturalismus. – Denn beides verhindert, wie oben ausführlich gezeigt, die Möglichkeit und Entwicklung des geistig-autonomen Ich.

> „Möglich und nötig ist (dagegen die) Vertiefung und Zusammenfassung (der Kategorien) im Ich, wie – schon bei Plotin durch die Möglichkeit im Einen veranlagt – Fichte es zu tun anhob; und nötig ist anderseits die weitere Entfaltung der Kategorie des Handelns (oder des Tuns) (Anm. MF)" (52).

Das mit dem Sein beginnende Kategoriensystem ist nicht ‚in Stein gemeisselt'. Geistesgeschichtlich unterliegt es vielmehr *„einem inneren Wandel"*. Und dieser zeigt sich in den unterschiedlichen kategorialen Prämissen der historisch oft einander ablösenden Paradigmata (wissenschaftliche Theorien oder Sichtweisen).

Dabei können die einzelnen Paradigmata in völlig gegensätzlichen Denkweisen auftreten. Genauer besehen lassen sich dennoch die ungleichen Ordnungen ihrer „obersten Werte" auf einen *gemeinsamen Grund* zurückführen: Auf die von Platon und Aristoteles entdeckten Prinzipien bzw. Kategorien als Grund des Denkens. Dieser Grund ist aber schon seit Plotin nicht mehr als abgeschlossene, metaphysisch gegebene Ordnung, sondern als offene, bewegliche Reihe der Grundbegriffe oder Kategorien zu denken. Erst unter solchen Bedingungen konnte das selbstwirkende Ich entstehen.

Der folgenschwerste Paradigmawechsel der Philosophie- und Wissenschaftsgeschichte war der (in den ersten Kapiteln ausführlich dargestellte) Wechsel von der Naturlehre des Aristoteles zu Galileis neuer Physik. Dieser Wechsel der kategorialen Prämissen, die Entstehung des neuen Paradigmas aus dem alten ist in einem grösseren geistesgeschichtlichen Zusammenhang zu sehen. Lauenstein schildert eben diesen Zusammenhang in einer „Skizze des inneren Wandels" in der Kategorien-Ordnung.

Eine Kurzfassung dieser Skizze:

> „Aristoteles stellte die Substanz ... voran und nannte fünf Ursachen oder Gründe für sie als Idee, Materie, Anstoss, Zweck und Verwesung" (52).

Fichte bemerkte, dass anstelle der Substanz immer mehr die *Relation* (vierte aristotelische Kategorie, pros ti, relatio) oder das Verhältnis der Substanzen, Wesen oder Dingen zueinander die neuzeitlichen Denker beschäftigte. Dagegen verloren sie die *Lage* (siebte Kategorie) als Bezug der Dinge auf ein Ganzes aus den Augen. Die Denker der

Neuzeit beachteten jetzt hauptsächlich *Beziehungen, Spannungen, Bewegungen* zwischen den Dingen und Wesen.

> „Zuerst taten sie es nur in der Welt der Objekte (Galilei); dann bezogen sie sich selbst als die betrachtenden Subjekte ein (Kant), bis der Mensch sich seiner als ein *geistig Schaffender*, Setzender bewusst wurde und seine beherrschende Sonderstellung begriff (Fichte). Damit war *ein wesentlicher Ich-Begriff* gewonnen" (52).

Nun fiel es dem Ich zu, die in Relationen und „Funktionen" aufgelöste Welt erkennend wieder zu einer geistigen Einheit oder Form zurückzuführen, zu einer neuen ‚Lage zum Ganzen'. Das Ich wurde damit zum *schöpferisch* Denkenden und Tätigen.

Dieses Ich wirkt heute bewusster über das willentliche Tun. Es will den Stoff, das Wahrnehmliche überhaupt denkend und wollend bewältigen. Tut es das nicht, oder nur ungenügend, wird die rätselhafte unbestimmte Zwei „im Fühlen zu Schmerz, Leid und Furcht" (52).

> „Wir durchliefen … die Reihe der überkommenen Kategorien auf eine neue Weise, welche *Tun* (des schöpferischen Ich) und *Leiden* (an der unbestimmten Zwei) überall gegenwärtig macht (Anm. und Hervorhebungen MF)" (52).

Demgegenüber fehlte dem Menschen der Antike „die Bejahung von Tun und Leiden". Im Verständnis der griechischen Antike ist der Mensch eine natürliche Person, ein Mensch des Habens oder Sich-Befindens. Die antike Kultur

‚hatte' und ‚wusste', aber *ohne Praxis*. Dem entspricht das Sein, die Substanz, das Was als die erste aristotelische Kategorie.

Philosophische Bedeutung der Arbeit

Lauenstein meint, das Haben war historisch als Durchgang nötig, damit das Ich, zunächst in seelischer Weise, noch nicht geistig, ein Bewusstsein seiner selbst entwickeln konnte. Die später entdeckte und entwickelte Individualität verlangt aber Selbsterfassung in geistig-tätiger Weise. Das tätige Verwirklichen idealler Möglichkeiten generiert ein Bewusstsein des *eigenen schöpferischen Willens*.

Durch die Betonung des Willens geht Lauenstein über die Denker des Seins, vor allem der Antike hinaus. Er ist damit, wie er sagt, dagegen abgesichert, „in antiker oder in mittelalterlich-mystischer Weise ohne äussere Praxis zu denken". Sein philosophischer Entwurf bildet das schöpferische Denken und Tun des Ich ab – und „auf etwas andere Weise auch das Schaffen des Künstlers".

Bekanntlich überliess die herrschende Klasse der Antike die „äussere Praxis", die *physische Arbeit*, vor allem die schwere Arbeit auf den Feldern, den Sklaven. – Der sich am marxistischen Arbeitsbegriff orientierende Habermas übt beissende Kritik an solchen sozialen Verhältnissen. Er stellt dabei einen direkten Zusammenhang mit dem reinen Denken einer 'prima philosophia' her.

Zwischenbemerkung: Eine solche 'Erste Philosophie', die sich mit einer Selbstbegründung des Denkens befasst und den Anspruch des systematischen Vorrangs vor allen übrigen Wissenschaften stellt, wird von Aristoteles in denjenigen seiner Schriften dargestellt, die später unter dem Titel 'Metaphysik' zusammengefasst wurden.

Für Habermas ist diese betrachtende Philosophie der Griechen eine „auf dem Bedürfnis der Bedürfnislosigkeit ruhende Kontemplation" einer „Musseklasse", die sich Sklaven für die praktische Arbeit hielt (53).

Daraus folgert er mit Marx: Philosophie habe ganz allgemein auf theoretische Bemühungen um Begründung ihrer selbst zu verzichten, sie müsse vielmehr *praktisch* sein. Das bedeutet: Nicht nur physische, auch geistig-intellektuelle Arbeit (etwa in Technik, Wissenschaft und Philosophie) habe letztlich die *materiellen Bedürfnisse* der Menschen zu befriedigen.

Auch Galilei und noch mehr seine Nachfolger suchten kein reines Wissen, sondern die praktisch-technische Verwendbarkeit.

> Habermas „hält etwas Anderes auch für unsinnig und sagt dies bereits im Titel seines Buches von 1968: 'Erkenntnis und Interesse'. Er meint, immer und bei allen Menschen müssten Wissen, Denken, Trieb und Absicht sich miteinander mischen; reines Denken und erst recht ein reines Wollen seien unmöglich" (54).

Reines Denken bezieht sich nach Lauenstein grundsätzlich auf das Potenzial der Ideenwelt, auf die Grundbegriffe in ihrer beweglichen Ordnung. Und *reiner Wille* ist ein Wille, der nicht von physisch-seelischen Wünschen und Interessen der Person geleitet wird, sondern von der denkend-erkennenden Einsichtsfähigkeit des Ich.

Aber auch Lauenstein findet: Diese ‚Musseklasse' der Antike (welche die Erfüllung des Denkens nur in Theorie und Kontemplation suchte)

> „brachte ihre geistige und künstlerische Arbeit nicht zu Boden ... Weil sie sich denkend nicht der Arbeit für die Notdurft annahm, diese Arbeit aber dennoch forderte, war sie unsozial. Das griechische Denken war nicht krank; es war sogar besonders ursprünglich und rein, aber wenig erd- und leibbezogen; es verband sich viel weniger mit dem Willen, als es unserem Denken heute möglich ist" (55).

Wer aber wie Marx (und mit ihm alle Neomarxisten) glaubt, der Sinn der Arbeit des Einzelnen, auch der geistigen, erfülle sich allein in der leiblichen Selbsterhaltung der Gattung Mensch, also der Gesellschaft, der verfehle, so Lauenstein, die *„Selbstbestimmung des Menschen"*.

Kategorial-philosophisch ausgedrückt:

Tun (die neunte aristotelische Kategorie, poiein, actio) vertritt die willentliche, schöpferische Tätigkeit des Ich. Geschichte und Lebenspraxis der Neuzeit und Moderne zeigen, dass Tun (das kontemplative Sein übersteigend) zur wichtigsten Kategorie wurde.

Das lässt sich an der geistesgeschichtlichen Bedeutung des Arbeitsbegriffs aufzeigen:

> „Der junge Marx entdeckte, angeregt durch Adam Smith, rückblickend in der *Arbeit* eine oder die treibende Kraft der Menschheitsgeschichte" (56).

Für Lauenstein ist das eine erhebliche Entdeckung:

> „Soweit die Arbeit in ihr wirkt, soweit schreitet die Menschheit fort … Marx liess es aber an der Einsicht fehlen, dass es auf die *geistige* Arbeit … am meisten ankommt (sofern sie stets bereit ist, sich im praktischen Leben zu erden) … In demselben Augenblick, in welchem die Arbeit als (Grundkraft und) Urphänomen des geschichtlichen Fortschritts erkannt wird, rückt unter den Kategorien das Tun an die früher vom (Sein oder Haben beherrschte) Stelle" (Anm. MF)" (56).

Auch die neuzeitliche *Technik* mit ihren unzähligen Erfindungen, die das praktische Leben der Menschen erleichtern, verdankt ihre Entstehung dem schöpferischen Tun des Ich: Der Mensch schuf damit, historisch erstmalig, ein spezielles und künstliches Reich, das ebenso zur menschlichen Kultur gehört.

Neben der ersten stofflichen Wirklichkeit, der gegebenen Natur, ist *Kultur* als Ganzes die zweite stoffliche Wirklichkeit.

Diese wird durch den Menschen selbst geschaffen, aufgrund seiner Fähigkeit, gedachte Formen (Ideen, Konzepte, Erfindungen) arbeitend im Stoff zu *verwirklichen*, womit sie in der Erscheinungswelt sichtbar werden. Im denkend-schöpferischen Ich liegt die Fähigkeit zu Einsicht und Handeln, aus welcher alle freien Neuschöpfungen entstehen. Das sind neue,

> „durch den Menschen geschaffene Gestalten der Kultur, die es weder in der Natur noch in früheren Kulturen gab" (57).

Dazu gehören eben auch die Erfindungen der Technik. – Ältere Kulturgestaltungen und Lebensweisen entstanden gemäss Überlieferung aufgrund aussermenschlich oder metaphysisch gegebener Inhalte.

> „Der Mensch allein vermag über die Notwendigkeiten seiner Natur hinaus immer weiter in das Reich der Form vorzudringen ... Er versteht (in Wissenschaft und Philosophie) auch die anderen Formen, gradweise sogar die Gesamtform der Welt. (Zudem kann er) auch solche Formen in den Stoff (verwirklichen), welche die Natur noch nicht zeigt". Das ist bei technischen Erfindungen der Fall, etwa beim Rad: „Die Natur kennt kein Rad; diese neue Form ist zu einer der wichtigsten der Technik geworden. Der Mensch führt in freier Weise Formen dem Stoff zu, er verbindet sie mit ihm. Das kann er nur mit solchem Stoffe tun, der auf dem Weg der (Form-)Beraubung ist. Er entfremdet ihn seiner ursprünglichen, natürlichen Form und prägt ihm eine neue ein. Damit erreicht ein neues Ding sein Ziel. Dieses nur vom Menschen erreichbare Ziel nennen wir Zweck.

Diesen Unterschied zwischen Ziel und Zweck macht Aristoteles noch nicht ... Nur der Mensch verwirklicht seine Zwecke. Auch hier gilt, was bei der Natur gilt, dass nicht jeder Stoff für jede Form geeignet ist, dass jeder besondere Stoff die Möglichkeit für eine bestimmte zu verwirklichende Form in sich trägt. Doch ist die Strenge des Bezuges zwischen Möglichkeit und Wirklichkeit bei den künstlich gemachten Dingen geringer als bei den natürlichen, weil die natürliche Form bis in die feine Stoffstruktur eingreift, die künstliche aber äusserlich bleibt (Anm. MF)" (58).

Gegen die mit der Substanz (als das „geeinzelte" Dasein oder Sein) beginnende Kategorienreihe des Aristoteles wendet Lauenstein aus heutiger Sicht Folgendes ein:

„Von der Rede her müssen wir einwenden, dass nicht das Dingwort (Substantiv), sondern das *Tätigkeitswort* den Satz regiert; das Verb ist Träger der heute wichtigsten Kategorien des Tuns" (59).

Aristoteles hatte seine 10 Kategorien (= Aussageweisen) aus der Ordnung eines vollständigen Satzes der antiken Sprache entwickelt: Aus dem Dingwort oder Hauptwort wurde philosophisch das Wesen, die übrigen Kategorien bestimmen dieses näher, wobei Tun und Leiden am Ende der Reihe zu finden sind.

Anders als der kontemplative Grieche, der das Dasein als fertig gegeben auffasste und diesem durch sein Denken die entsprechende Weltsicht mit ihren übergeordneten Göttern oder Ideen hinzufügte, vereinigt sich der heutige Mensch beobachtend, urteilend und tätig mit Welt und Mensch. Das denkend-tätiges Sich-Verbinden erschliesst *Wirklichkeit* und erzeugt *Verbindlichkeit*.

Tun tritt an die Stelle des Seins, Wirklichkeit an die der Wahrheit:

> "Auf Taten des Ich erfolgen Gegenwirkungen, die das Ich dann in seine eigene Form bringt, zur Einheit macht". Auf diese 'eigene Form' kommt es an. "Objektivität nennen wir nicht mehr 'Wahrheit' gemäss der aristotelischen Beschreibung eines Wesens als 'das, was ist, was es war', sondern 'Wirklichkeit'" (56).

> „Die gezielte tätige Erfahrung der Wirklichkeit der Welt nennen wir Erkenntnis. Sie erschliesst sich nicht dem Blick des Zuschauers; dieser muss sich an Dinge (oder Substanzen) halten; und wo das offensichtlich nicht reicht, ersinnt er sich ein unsichtbares ‚Ding an sich' (Anm. MF)" (59).

Schlussfolgerung

Der Individualitäts-Begriff Lauensteins umfasst wesentlich mehr als das „vergängliche Exemplar der Gattung Mensch", das letztlich nur der Selbsterhaltung der Gesellschaft verpflichtet sein soll. Er umfasst das *autonom erkennende und schöpferisch tätige Ich* als das geistig tragende Grundelement der europäischen Kultur der Mitte.

Zu seinem Werden bedarf die Individualität einer beweglichen, nicht abgeschlossenen, sondern offenen Kategorienreihe, wie sie Lauenstein hauptsächlich in der Denklinie Plotins und Fichtes weiterentwickelt hat.

Das denkende Ich befreit sich von dogmatisch gewordenen Paradigmen wie von apriorisch gegebenen Kategoriensystemen. – Auf der anderen Seite darf es aber die grundlegendsten Begriffe des Denkens nicht in nihilistischer Weise verwerfen, wie Nietzsche es tat.

Gemäss Lauenstein bieten diese Grundbegriffe oder Kategorien

> „dem Denken einen legitimen höchsten Inhalt. (Sie können) vom Ich nach Fichtes Weise überstiegen … aber nicht beiseite geschoben werden – bei Strafe des Lebens der Kultur oder des eigentlich menschlichen Lebens (Anm. MF)" (60).

Während Lauenstein die *geistige Arbeit* (im Kern ist dies wissenschaftliche und philosophische Erkenntnisarbeit) als die wichtigste Bedingung für Kultur überhaupt sieht, meint Habermas mit Marx:

> „Erkenntnis bietet nicht Erfüllung in sich, ist vielmehr (praktische) Arbeit bei Strafe des Untergangs (Anm. MF)" (61).

> Dagegen wendet Lauenstein ein, „dass man durch Faulheit auf allen Stufen, im Denken, Wahrnehmen, künstlerischen Gestalten, Ordnen, vor der Maschine und auf dem Acker, aber keineswegs nur unter Hammer und Sichel, den Untergang auf sich zieht" (61).

10. Aufklärung: Determinismus und Befreiung des Denkens zugleich

Der spätmittelalterliche Nominalismus war in Europa, wie gesagt, erst aufgrund eines *arabischen Transfers grie-chisch-philosophischer Schriften* möglich. Viele dieser Schriften, so etwa die mit ,Metaphysik' bezeichneten Werke des Aristoteles, gerieten im Früh- und Hochmittel-alter zunächst in Vergessenheit. Im Spätmittelalter ge-langten sie über den Umweg durch den islamisch-arabi-schen Kulturraum wieder nach Europa zurück und wurden hier rezipiert. Avicenna, Averroes und andere arabische Gelehrte hatten als Kommentatoren und Interpreten der aristotelischen Werke einen bedeutenden (nominalistisch geprägten) Einfluss auf die Scholastik und über diese auf die Renaissance und besonders auf die *Aufklärung*.

Ambivalente Auswirkungen des philosophischen Nominalismus

Einerseits

bereitete dieser, wie wir gesehen haben, den kategorialen Hintergrund vor, aus dem heraus Galileis neue Physik und mit ihr eine bisher nicht gekannte *Technik* und Ingeni-eurskunst entstehen konnten. Ihre Verwirklichung in der Lebenspraxis der Menschen brachte Erleichterung und

Befreiung von *schwerer physischer Arbeit*. In der industriellen Revolution wurde diese immer mehr durch Maschinen übernommen, die dann mittels technischen Fortschrittes und Rationalisierung laufend weiterentwickelt wurden.

Heute, in der digitalen Revolution der Moderne, spielt die Informationstechnologie die Hauptrolle. Wie im Kap. 5 gezeigt, führt dies auch zur Erleichterung von der (in Technik, Wissenschaft und Wirtschaft) immer komplexer werdenden *intellektuell-geistigen Arbeit* durch intelligente Maschinen.

Das Paradigma dieser neuen Physik zeichnet sich durch eine radikale Reduktion aristotelischer Grundbegriffe auf den formberaubten Stoff als Grund allen Seins aus. Der Stoff per se enthält kein Eigengesetz des Werdens, er gehorcht nur dem äusserlichen, kausaldeterministischen Zwang. Die Griechen sahen diesen Zwang nur dort, wo keine Form wirkt, im Bereich des Toten oder Anorganischen. Die passende Methode dazu ist Messen und Berechnen. Sie produziert *technisch-praktisches Wissen*, jedoch keine eigentliche Erkenntnis. Solches Wissen empfiehlt positivistische *Beherrschbarkeit* der Natur, verspricht Macht und ist entsprechend begehrt.

Dass solches Wissen sich dabei gegen die Natur mit den bekannten dysfunktionalen Folgen richtet, liegt im Wesen der Technik selbst. Wird diese physikalistische Methode auch auf die Lebensformen des Menschen und auf diesen selbst angewendet, bedroht sie zuletzt seine Individualität. Die Interpretation ihrer Resultate lässt nur ein nominalistisch-naturalistisches Menschenbild zu.

Während also das naturwissenschaftliche Paradigma in der Neuzeit und Moderne erfolgreich die Lebenspraxis der Menschen erleichterte, enthält es, gleichsam als eine ‚Gegenleistung‘, ein erhebliches *Potenzial geistiger Fremdbestimmung* oder Unfreiheit. Siehe dazu Kap. 6 (‚Die unabhängige Instanz namens ‚Ich‘: Ein dramatischer Irrtum?‘).

> „Das naturwissenschaftliche Denken ... sucht überall zwingende Gesetze und wendet sie auch an. Es macht darum Menschen zum passiven Objekt und gar zum Mittel für ihnen fremde Zwecke, was nach Kant das Böse selbst ist. Diese Denkweise ist das grosse Nein zur menschlichen Freiheit" (62).

Anderseits

ermöglichte derselbe philosophische Nominalismus auch die *Befreiung des Denkens* vom Formzwang, von festgewordenen Formen wie dem metaphysisch-theologischen Dogmatismus des Mittelalters. Dabei handelt es sich um einen christlich-kirchlich geprägten Idealismus der Antike. Durch die nominalistische Negation konnte sich das Denken selbst allmählich von der Theologie emanzipieren – von Autoritäten, die das Göttliche und dessen Offenbarungen mit dem Anspruch des allein Gültigen verbanden. Seit der Renaissance überschritt die Philosophie zunehmend die Grenzen, die ihr zuvor von der Theologie gesetzt wurden. Die Philosophen scheuten sich nicht mehr, Ansichten zu vertreten, die mit christlichen Lehren unvereinbar waren. Das philosophierende Bewusstsein der Aufklärung setzte sich kritisch auch mit der Religion auseinander, grenzte sich von ihr ab und betrachtete sich schliesslich als emanzipiert und eigenständig. – Vorher dominierte lange Zeit das Bild der Philosophie als einer 'ancilla theologiae' (Magd der Theologie), einer Hilfswissenschaft, welche die göttlichen Offenbarungen mit rationalen Argumenten stützen sollte.

Die Aufklärung ermutigte den Einzelnen, sich seines Verstandes und seiner Vernunft zu bedienen, um sich von der Bevormundung durch die alten Gesetze und Regeln des Glaubens und durch tradierte Privilegien aller Art zu befreien. Aus dem Geist der Renaissance und Aufklärung entstanden säkulare Kultur- und Lebensformen: Eigenständige Wissenschaft, Rechtsstaat, Demokratie, Meinungsfreiheit, Selbstbestimmungsrecht. Aus dieser „europäischen Mitte" heraus entstanden die bekannten, heute in den meisten ‚westlichen' Staaten eingeführten, freiheitlich-demokratischen Verfassungen mit ihren bürgerlichen Rechten und allgemeinen Menschenrechten.

Die Gesetze und Regeln des Zusammenlebens in einer Menschengemeinschaft werden im säkularen Staat nicht mehr als aussermenschlich *gegebene* Inhalte gesehen. Sondern sie werden durch Vernunfteinsicht und Willen fähiger Geister, d.h. *durch die Menschen selbst* erarbeitet und in demokratisch-politischen Prozessen im Rechtssystem einer Staatsordnung verwirklicht (63). Im Zentrum dieser weltlichen Staatsgesetze steht das *Selbstbestimmungsrecht* des Einzelnen, das auf der prinzipiellen Möglichkeit der eigenen Erkenntnis oder Einsicht als Massstab seines Handelns beruht. Der Staat legitimiert sich daher (idealiter) aus dem einsichtsgeleiteten Willen seiner Bürgerinnen und Bürger. Kirche und Staat haben sich heute weitgehend getrennt. In der öffentlichen Debatte haben religiöse Argumente keinen bestimmenden Einfluss mehr.

Fazit

Die Aufklärung enthält zwei Strömungen, die beide ihren Ursprung im Nominalismus des Spätmittelalters haben: In der einen entwickelte sich die Möglichkeit der *Selbstbefreiung des Denkens* vom Zwang der metaphysisch gegebenen Form. Diese Befreiung beruht philosophisch auf der nominalistischen *Negation*. In der anderen Strömung entwickelte sich die klassische Physik und vor allem die *Technik* als praktische Folge von Galileis neuer Wissenschaft weiter. Ihr methodologisches Hauptelement, die *algorithmische Mathematik,* wurde zum Schlüssel für die Erschliessung und Nutzbarmachung des Stoffes.

Diese technologische Nutzbarmachung liefert nicht nur positive, erfolgreiche Lösungen bei der Gestaltung menschlicher Lebenspraxis. Sie wird auch begleitet von unerwünschten Dysfunktionen – hauptsächlich aber von negativen Auswirkungen auf ein selbstbestimmtes Denken und Handeln des Menschen. Wie oben bei den Themen Hirnforschung und KI-Technologie gezeigt, verneint dieses physikalistische Paradigma in Theorie und Praxis die Möglichkeit einer „unabhängigen Instanz namens Ich". Dieses wird als Illusion erklärt. Das daraus entstandene Vakuum beansprucht nun die anorganisch-autonome Maschine, die KI. Es ist der Zwang der kausaldeterministischen Gesetze des *stofflich-empirisch Gegebenen*, der die

Möglichkeit der psychisch-geistigen Befreiung und Selbstbestimmung des Menschen (das eigentliche Kernanliegen der Aufklärung) gleich wieder vernichtet.

Für den Bereich der Politik schildert dies Lauenstein wie folgt: Die Aufklärung, die in England und Frankreich im 17. Jh. aufkam,

> „forderte damals die politische Freiheit jedes vernünftigen und tätigen Menschen und hatte damit bis zum Anfang (des 20.) Jahrhunderts auch Erfolg. Ihre Auswirkungen im modernen Staat aber vernichtete diese Freiheit wieder. – Der Rückblick zeigt, dass dieser Widerspruch in der Aufklärung selbst lag. (Denn) ihr Hauptwerk war die Technik; deren Gedankenform ist auf Unterwerfung der Natur gerichtet und erreicht sie. Der Zuwachs an Wirtschaftskraft brachte ihren Trägern auch einen Zuwachs an politischer Macht; sie wurden freier. Aber ihr Mittel wuchs über seinen Zweck hinaus, indem es sie befähigte, nicht nur die Natur, sondern auch die Naturvölker und die eigenen Massen daheim zu unterwerfen. Heute werden sie selbst Sklaven ihres Systems. Die in ihren politischen Folgen anfangs undurchschaute Gedankenform der Technik erwies sich mächtiger als die politischen Vorstellungen und vordergründigen Absichten ihrer Träger" (64).

11. Dogmatismus des empirisch Gegebenen

Der beschriebene *Befreiungsimpuls* der Aufklärung und die damit zusammenhängende Wende zum selbstbestimmten Menschen beruhen auf der denkenden Negation geprägter und damit dogmatisch gewordener Formen (d.h. Überzeugungen, wissenschaftliche Theorien im Modus der Wahrheit, Meinungen). – Nicht etwa auf der Negation der Idee und Form überhaupt, wie es Nietzsche Ende des 19. Jahrhunderts mit seinem radikalen Nihilismus tat. Mit dieser *absoluten Formnegation* brach er die denkend-erkennende Verbindung zur Ideenwelt vollends ab und schaffte damit die Voraussetzung für seine naturalistische Bejahung von Stoff und Leib.

Jener Befreiungsimpuls wurde von Kant in seiner Kritik aufgegriffen. Dessen Absicht, das Individuum „aus seiner selbstverschuldeten Unmündigkeit" zu befreien, wurde aber nicht zu Ende gedacht. Denn er beschränkte das Wissen, um dem Glauben noch einen Platz zu lassen – oder, in Nietzsches Worten, um die ‚alte Metaphysik durch die Hintertür wieder hereinzuholen'.

Genauer besehen machte Kant die auf Mathematik und Physik beruhende naturwissenschaftliche Methode zum *alleingültigen* Begriff von Wissenschaft. Eine andere Wissenschaftsmethode, die etwa den Erkenntnisbereich des Organischen oder des Geistig-Anthropologischen adäquat erfassen würde, zog er dabei nicht in Betracht.

Erst Rudolf Steiner führte, von Kant und Fichte ausgehend, jene Befreiung auf seine Weise in seinen erkenntnistheoretischen Frühschriften zu einem gewissen Abschluss. Hier haben wir einen Ansatz, der geistesgeschichtlich auf eine *philosophische Befreiung des denkenden Ich* von einem

> „zweifachen Dogma" hinausläuft – auf eine Befreiung vom „Dogma der Offenbarung (wie auch von) jenem der Erfahrung … Beherrschte das Dogma der Offenbarung die frühere Wissenschaft, so leidet durch das Dogma der Erfahrung die heutige" (65).

Dogma bedeutet nach Wikipedia: Eine feststehende Definition oder grundlegende, normative Lehrmeinung, deren Wahrheitsanspruch als unumstösslich festgestellt wird.

Das Dogma der Offenbarung (oder *Meta-Physik*; meta = nach- oder übergeordnet, jenseitig) behauptet die Existenz gegebener 'Wahrheiten', die der Erkenntnis oder Einsicht prinzipiell unzugänglich sind, die also weder gewusst noch begründet, sondern nur geglaubt werden können.

Dem steht das Dogma der sinnlichen Erfahrung, der Empirie (oder *Physik*) gegenüber. Es behauptet in analoger Weise, dass die Tatsachen (und Vorgänge) der stofflich-sinnlichen Welt fertig gegeben seien und gerade deshalb 'wahr' seien, weil sie empirisch 'wahr-genommen' werden könnten. – Nicht nur das naive Bewusstsein glaubt das so. Auch die empirischen Wissenschaften gehen von Forschungsobjekten im Sinne solcher Tatsachen aus. Das gilt auch dann, wenn diese Objekte oder Vorgänge für den Menschen 'unsinnlich' sind, d.h. nur als messtechnisch erfassbare und mathematisch verarbeitbare Daten 'existieren'.

Dieses naturalistische Dogma begegnete uns bereits in einem Singer-Zitat im Kap. 6: Wir könnten nur erkennen, was wir durch unsere Sinne oder mittels technischer Apparate „beobachten, denkend ordnen und uns vorstellen können. Was für unsere kognitiven Systeme unfassbar ist, existiert nicht für uns". Nur das also existiert und ist für uns ‚erkennbar', was empirisch gegeben und mittels Daten erfassbar ist. – Auch die kognitiven Funktionen oder psychisch-geistigen Phänomene gehören im Verständnis der physikalistischen Hirnforschung dazu.

Zum ‚Physikalismus' aus Wikipedia: Gemäß einer häufig verwendeten Definition gelten alle Objekte, Eigenschaften oder Ereignisse als physisch, die in den Theorien der Physik beschrieben werden können.

Eine besondere Rolle spielt der Physikalismus in der Philosophie des Geistes, da er die Idee eines ‚immateriellen' Bewusstseins ablehnt. Für den modernen Physikalismus gibt es keine hinreichenden Gründe gegen die These, dass geistige (mentale) Phänomene auf physische Ursachen zurückgehen.

Was jenseits des empirisch Erfassbaren liegt, gehöre in den Bereich der Meta-Physik. Spätestens seit dem Positivismus des 19. Jahrhunderts gelten metaphysische Begriffe, Erklärungen und Theorien als unwissenschaftlich, weil sie sich mittels empirischer Wissenschaftsmethoden nicht verifizieren lassen. Der naturwissenschaftliche Positivismus glaubte, die alte Metaphysik endgültig überwunden zu haben.

In der Tat ist aber dieses physikalistische Paradigma selbst einem, wenn auch gegensätzlichen Dogma erlegen: Dem

Dogma *des physikalisch Gegebenen*, der Materie oder des Stoffes. Dieser wird als *alleiniger Grund allen Seins* vorausgesetzt – vor aller Erkenntnis. Der Glaube an die metaphysisch gegebene Welt wurde von Nietzsche auch philosophisch abgeschafft. Was bleibt dann noch übrig? Der „Hahnenschrei des Positivismus" als Dogma des empirisch Gegebenen!

Freiheit und Individualität werden unter beiden Dogmen zur Illusion. Die Befreiung des Denkens ist mit der Überwindung alter, metaphysischer Gegebenheiten noch nicht beendet. – Den Stoffzwang in der naturwissenschaftlichen Sichtweise, die dogmatische Bindung an den formberaubten Stoff, an seine deterministischen Gesetze gilt es ebenso denkend zu überwinden.

Die neue ‚Philosophie': Exakte Wissenschaft

Galileis neue Wissenschaft beanspruchte von Anfang an die alte Philosophie (gemeint ist die aristotelische Naturlehre) zu beerben und die neue *Grunddisziplin* aller Einzelwissenschaften zu sein. Er verwendete hierfür in seiner Schrift 'Il Saggiatore' (1623) denn auch das Wort „Philosophie". Und er meinte, sie müsse die Sprache der Mathematik beherrschen, um das Buch der Natur verstehen zu können. Es sei die *Mathematik*, welche diese neue Physik zur exakten Wissenschaft und damit zur Grunddisziplin mache:

„Die Philosophie steht in diesem großen Buch geschrieben, dem Universum, das unserem Blick ständig offen liegt. Aber das Buch ist nicht zu verstehen, wenn man nicht zuvor die Sprache erlernt und sich mit den Buchstaben vertraut gemacht hat, in denen es geschrieben ist. Es ist in der Sprache der Mathematik geschrieben".

Im folgenden Zitat von der Physikerin und Philosophin Falkenburg wird ein breites, repräsentatives Spektrum von Forschungsbereichen aufgezählt, womit sich heute die Einzelwissenschaften – stets unter Anwendung der *Methoden der Physik* – befassen. Diese Bereiche enthalten sowohl anorganische als auch organische Phänomene. Dabei wird die Evolutionstheorie, die Entstehung des Lebens aus einem rein anorganischen, physiko-chemischen Ursprung als weitgehend gesichertes und anerkanntes Wissen vorausgesetzt. Im heutigen Wissenschaftsbetrieb werden beide Bereiche, ohne Differenzierung, mittels der

„analytisch-synthetischen Methoden der Physik" erforscht, beschrieben und interpretiert. „Sie vermessen und erklären das Universum, ... von den subatomaren Teilchen und ihren ... Quantenphänomenen über die Atome, Moleküle, Riesenmoleküle wie die DNS, Zellkerne und Zellen, ... Organismen, die Erde samt Biosphäre und Klima, die kosmische Strahlung, das Sonnensystem, die Milchstrasse ... bis hin zur Grossraumstruktur des Universums und seiner, unserer, Vergangenheit – der biologischen Evolution, der Erdgeschichte, der Geschichte des Sonnensystems und der Entwicklung des Universums seit dem *big bang*" (66).

Stellungnahme

Nach dem Paradigmawechsel vom Denkmodell der Pflanze zu dem des Billardspiels gründet alles, was in der Neuzeit den Titel 'Wissenschaft' beansprucht, auf den Methoden der Grunddisziplin Physik. Und diese sind prinzipiell nur für die Erforschung und Erschliessung des Anorganischen geeignet.

Bei organischen Phänomenen spielt aber die Form die Hauptursache. Da diese im Billardmodell kategorial ausgeschlossen ist, erfasst die mathematisierende Methode der Physik (z.B. bei der Pflanze) nur den *anorganischen Anteil* des ganzen Wesens, d.h. die auf die tote Restgestalt (oder Struktur) reduzierte Form. Nur Struktur ist objektivierbar und mittels mathematischer Modelle berechenbar. Der formverursachte Gestaltwandel der Pflanze mit echtem Anfang und immanentem Ziel ist mit dieser Methode nicht erfassbar.

Mathematik und Logik allein liefern noch keine Erkenntnis, keine neuen Inhalte. Ihre Regeln und Formeln handeln nur von vielfältigen und sicheren Beziehungen gegebener Daten (lat. datum = gegeben), die dann algorithmisch-mathematisch 'verarbeitet' werden können. Die Beziehungen sind hier das Eigentliche, nicht der 'Inhalt' des Gegebenen.

Daraus folgt: Die Rede von *Erkenntnis* ist beim Paradigma der auf Mathematik beruhenden Grunddisziplin Physik nicht korrekt. Denn eigentliche Erkenntnis wendet sich (ideenrealistisch gedacht) über den erkennend hervorgebrachten Begriffsinhalt an die Form, nicht an die tote (Daten-) Struktur des formberaubten Stoffes.

Vorläufige Gültigkeit auch für Theorien und Überzeugungen

Für wissenschaftliche Resultate wird zu Recht ihre *vorläufige Gültigkeit* gefordert. Auch Singer fordert dies in seinem Grundsatzbeitrag:

> „Alle abschliessenden Behauptungen (sind) in Frage (zu stellen), denn dem Argument ist schwer zu begegnen, dass jedwede Erkenntnis vorläufigen Charakter hat und sich durch Einbettung in neue Bezüge wesentlich verändern kann".

Das ist eine erhebliche Einsicht, zeichnet sie doch den ernsthaften Forschergeist aus.

Sie wird aber nicht zu Ende gedacht: Denn die Prämissen der hier verwendeten Methoden (es sind die auf Mathematik beruhenden Methoden der Physik) werden meines Wissens weder von Hirnforschern noch von Neurophilosophen, auch nicht ansatzweise, in Frage gestellt.

Im Gegenteil: Die aus diesen Prämissen entstandenen Hypothesen oder Theorien, z.B. die Annahme, dass das Fundament der Welt ein gegebenes, kausaldeterministisches „physiko-chemisches Kontinuum" sei, aus dem sich alles (auch Geist und Bewusstsein) evolutiv ‚von selbst' entwickelt habe, etablieren sich allzu oft als *gesichertes Wissen*, das dann in Lehre und Forschung sowie in den allgemeinen Schulstoff integriert wird.

Kategorial-philosophisch gesehen ist es aber eine geistesgeschichtliche Notwendigkeit, für alles Begriffliche und

Konzeptionelle, also auch für Begriffssysteme, Theorien, Methoden und Paradigmen, die vorläufige Gültigkeit zu fordern. Alle Sichtweisen und begrifflich-kategorialen Hintergründe, nicht nur die Resultate der auf diesen beruhenden wissenschaftlichen Methoden, sind immanent ‚zeitgeistig'. Ein Paradigma, das seine Gültigkeit trotz Erkenntnisfortschritt und Verschiedenheit der Forschungsbereiche als unumstösslich behauptet, wird zum Dogma, zur festen Überzeugung bis hin zur fixen Idee. Wissenschaft und Philosophie leben wesentlich vom geistesgeschichtlichen *Wandel ihres grundbegrifflichen Hintergrundes,* wie es diese Studie auf der Grundlage Lauensteins zu zeigen versucht. Dieser Wandel und jene vorläufige Gültigkeit bürgen für die Möglichkeit der denkend-erkennenden Befreiung des Ich von dogmatisch gewordenen Formen, Überzeugungen, Vorstellungen oder Meinungen.

„Überzeugungen sind gefährlichere Feinde der Wahrheit als Lügen" (Nietzsche: 'Menschliches, Allzumenschliches. Ein Buch für freie Geister' 1886, Aph. 483).

Evolutionstheorie und visionäre Folgen

Auf der kategorialen Grundlage des galileischen Paradigmas entstand auch die Theorie der chemischen und biologischen Evolution. Was Leben genannt wird – bei Organismen spricht man heute von 'komplexen, selbstorganisierenden Strukturen' –, was also Leben ist, das sei aus einer hypothetisch angenommenen ursprünglichen Mischung anorganischer Stoffe (Spurengase der ersten Atmosphäre) durch spontane, *emergente Strukturbildung* entstanden. Streng kausaldeterministisch denkende Evolutionisten gehen von einer in der Materie enthaltenen dynamischen *Selbstorganisation* aus. Diese wird als treibende Kraft der biologischen Evolution gesehen. Hirnforscher und Neurophilosophen vertreten die Hypothese, dass auch Bewusstsein und Geist evolutiv und emergent entstandene Eigenschaften eines 'genügend komplexen Gehirns' sein müssen.

Dazu aus Singers Grundsatzbeitrag, nun zum Evolutionsprozess:

Auch wir Menschen „rechnen uns zu den Organismen, die ihr In-der-Welt-Sein einem kontinuierlichen evolutionären Prozess verdanken. Dabei erscheinen uns alle Komponenten dieses Prozesses und die zugrundeliegenden Selbstorganisationsmechanismen als der dinglichen Welt zugehörig, als Naturphänomene, die sich ... objektivieren und beschreiben lassen: (Nämlich als) Ausgangsbedingungen, die herrschten, bevor Leben in die Welt kam, die physiko-chemischen Wechselwirkungen, die reproduktionsfähige Strukturen ermöglichten, und die evolutionären Gesetzmässigkeiten, die schliesslich die Ausdifferenzierung zu Pflanzen und Tieren einleiteten. Wir gehen davon aus, dass es im Prinzip möglich ist, all diese Phänomene im Rahmen naturwissenschaftlicher Beschreibungssysteme fassen und erklären zu können".

Begriffsrealistisch gesehen ist die evolutive, zufällige oder emergente Entstehung von Organismen aus rein Anorganischem, von Leben aus toter Stoffstruktur, ein Rätsel.

> Emergenz bedeutet gemäss Wikipedia: Spontanes Auftauchen neuer, vorher nicht existenter Qualitäten, die nicht auf die Ausgangselemente zurückgeführt werden können

Die Selbstorganisation wird als ein zentrales Element der Ausgangsbedingungen gesehen, welche die Entstehung selbsterhaltender und „reproduktionsfähiger Strukturen" (= Organismen) überhaupt möglich machten.

Aber die Annahme eines ursprünglich im Stoff, in der „dinglichen Welt" enthaltenen *potenziell Formhaften*, wie es die Selbstorganisation begrifflich sein müsste, verträgt sich nicht mit der kategorialen Prämisse der formnegierenden Theorie der *deterministischen Geschlossenheit* einer physikalistisch gedachten Welt.

Die Zuhilfenahme von Begriffen wie Struktur, Selbstorganisation, Reproduzierbarkeit oder Emergenz zeugt von begrifflicher Ratlosigkeit. Ihr Inhalt ist meist undurchsichtig, erklärungsbedürftig und muss als Eingeständnis gedeutet werden, dass Leben und seine Entstehung mittels eines nominalistisch-physikalistischen Begriffs von Wissenschaft *nicht erklärbar* sind. – Dennoch wird diese materialistische Evolutionstheorie nicht in Frage gestellt. Sie wird nicht als vorläufige Hypothese wahrgenommen, sondern als gegebener, somit gültiger Tatbestand.

Gemäss dieser Theorie steht der heutige Homo sapiens auf der bisher höchsten Evolutionsstufe. Dieser Homo sapiens zeichnet sich hauptsächlich durch seine komplexen kognitiven Fähigkeiten aus, die ihn befähigten, die Welt zu erobern. Für Christof Koch, Physiker, Bewusstseinsforscher und wissenschaftlicher Leiter des renommierten Allen-Instituts (67) – sowie Mitverfasser des erwähnten ‚Manifestes' führender Neurowissenschaftler – ist klar, dass diese kognitiven Fähigkeiten, dass *„Geist und Bewusstsein"* sich in der Evolution der Nervensysteme allmählich aus der Komplexität neuronaler Netzwerke als neue Qualitäten herausgebildet haben. Im genannten Manifest wird dies sogar als „die vielleicht wichtigste Erkenntnis der modernen Neurowissenschaften" bezeichnet.

Auf die Frage: Was spricht gegen Bewusstsein in einem Computer? entgegnet Koch:

> „Im Prinzip nichts. Vermutlich werden wir unser Denken und Fühlen eines Tages in einer Maschine nachbilden können. Dann können wir alle Informationen aus dem Gehirn auf den Rechner überspielen. Unsere Persönlichkeit würde unsterblich. Leider werde ich diesen Tag nicht mehr erleben" (68).

Hier wird die *nächste Stufe der Evolution* angesprochen. Wie die Menschheit historisch zu einer solchen Stufe strebt, beschreibt Yuval Noah Harari in seinem Buch mit dem bezeichnenden Titel ‚Homo Deus. Eine Geschichte von Morgen':

> „Nachdem wir die Sterblichkeit durch Hunger, Krankheit und Gewalt verringert haben, werden wir nun

darauf hinarbeiten, das Altern und sogar den Tod zu überwinden. Nachdem wir die Menschen aus bitterstem Elend gerettet haben, werden wir uns nun zum Ziel setzen, sie im positiven Sinne glücklich zu machen. Und nachdem wir die Menschheit über die animalische Ebene des Überlebenskampfes hinausgehoben haben, werden wir nun danach streben, Menschen in Götter zu verwandeln und aus dem *Homo sapiens* den *Homo deus* zu machen" (69).

„Eine wachsende Minderheit von Wissenschaftlern und Denkern spricht heute offen davon, dass es das Vorzeigeunterfangen der modernen Wissenschaft sei, den Tod zu besiegen und den Menschen ewige Jugend (also Unsterblichkeit) zu verschaffen (Anm. MF)" (70).

Ein namhaftes Beispiel einer solchen Unternehmung: Google gründete 2013 ein Subunternehmen namens Calico, das den Fokus auf „Gesundheit, Wohlbefinden und Langlebigkeit" richtet (Google-Mitgründer Larry Page gemäss Wikipedia zu ‚Calico'). – Mit Hilfe modernster Technologien (Gentechnik und KI) wird versucht, das Älterwerden aufzuhalten, Krankheiten wie Alzheimer zu besiegen und längerfristig sogar den Tod zu überwinden. Das ist etwas völlig anderes als das, was von Google bisher bekannt war. Der Denkansatz hinter Calico ist typisch für Google: Es gibt kein Problem, das nicht mit dem richtigen Algorithmus und genug Rechenpower (also mit KI) gelöst werden könnte. Wenn man die Datenbestände der weltweiten Altersforschung nur richtig durchleuchtet, könnten die Ursachen für Krankheiten und Altersgebrechen gefunden und Therapien dagegen entwickelt werden. Das Nachrichtenmagazin ‚Time' titelte einmal: „Google vs. Death".

Größenwahn? Vielleicht. Wenn es überhaupt jemand schaffen könnte, dann Google. Geld ist hier kein Thema. Und im Durchleuchten von sehr großen Datenmengen ist niemand so gut wie der Internetgigant aus Kalifornien.

Evolutionärer Posthumanismus

Auf dieser *nominalistischen Denklinie*, die das Leben des Homo sapiens durch technologischen Fortschritt zu verbessern verspricht, bewegt sich der *Posthumanismus*. Dieser vertritt gemäss Wikipedia eine Philosophie,

> „die darauf ausgerichtet ist, traditionelle Konzeptionen des Menschseins neu zu überdenken. Das Konzept des ‚Posthumanen' – eine Überwindung des gegenwärtigen menschlichen Stadiums – ist dabei eng verknüpft mit der Denkrichtung des Transhumanismus". (Dieser will die Grenzen menschlicher Möglichkeiten durch den dezidierten Einsatz technologischer Verfahren erweitern).

Im Gegensatz zum Renaissance-Humanismus, der eine idealistische, vernunftbasierte und anthropozentrische Weltsicht entwickelte und damit die Aufklärung vorbereitete, wird die besondere Stellung des Menschen durch den evolutionären Posthumanismus grundsätzlich in Frage gestellt. Der Mensch sei nur eine unter vielen natürlichen Spezies. Als solche ist auch er unvollkommen, mangelhaft, krankheitsanfällig, sterblich. Und als Homo sapiens habe er den Gipfel seiner Möglichkeiten evolutiv schon erreicht. Mit seinen Unzulänglichkeiten zeige er heute zum Beispiel auch, dass er immer weniger fähig ist, die ökologischen und sozialen Probleme seines Tuns auf seinem Planeten zu lösen.

Dagegen sehen technikgläubige Zukunftsforscher und Posthumanisten in der Entwicklung modernster Technologien, vor allem in der KI-Technologie, das grosse evolutive Potenzial für die Verbesserung des Menschen und seines Lebens. Der Fokus richtet sich dabei auf einen posthumanen Menschen, dessen intelligente Fähigkeiten die des heutigen Homo sapiens bei weitem übersteigen sollen. Die Weiterentwicklung solcher Technologien auf Basis der physikalistischen Wissenschaftsmethode scheint dies möglich zu machen.

Ist vielleicht Kochs Zukunftsvision, alle unsere Gehirnfunktionen in einem hochentwickelten, intelligenten Computer nachzubilden sowie unseren gesamten Bewusstseinsinhalt zu überspielen, letztlich die konsequenteste Lösung? Unsere so transferierte „Persönlichkeit" (Koch) wäre dann in einer autonom funktionierenden KI vollständig integriert. Dieser Mensch könnte danach – in einem theoretischen Gedankenspiel – sein leibliches Dasein, das von Leiden und Sterblichkeit geprägt war, beenden und durch ein leibfreies, digitales, unsterbliches Leben ersetzen?

Es könnte ja sein, dass dieses theoretische Gedankenspiel, obwohl es reichlich visionär und spekulativ wirkt, irgendwie doch den Weg in die Praxis findet. Wenn das gelingen sollte – Milliardeninvestitionen zeugen vom Glauben daran –, dann müsste das Original, des Menschen *Innerstes*, in einer dazu fähigen KI tatsächlich nachgebildet oder simuliert werden können.

Dieses Innerste ist genauer zu bedenken:

Neuroinformatiker und Neurowissenschaftler vertreten bekanntlich die (auch von Biologen) kaum hinterfragte These der prinzipiellen Analogie von Gehirn und Computer. Beide seien datenverarbeitende Systeme auf der Basis von *Algorithmen*.

„Organismen sind Algorithmen" so der Titel eines Kapitels in Hararis Buch ‚Homo deus'. Darin beschreibt er, dass auch der Mensch in seinem Innersten ein Algorithmus sei:

> „In den letzten Jahrzehnten (sind viele) Biologen zur festen Überzeugung gelangt, dass der Mann, der die Tasten (eines Getränkeautomaten) drückt und den Tee trinkt ebenfalls ein Algorithmus ist. Zweifellos natürlich ein viel komplizierterer Algorithmus als der Getränkeautomat, aber doch ein Algorithmus (Anm. MF)" (71).

Der einfache, also nicht besonders intelligente Algorithmus steuert Automaten. Und wenn er wesentlich intelligenter ist, also Fähigkeiten der Selbstorganisation besitzt, dann soll er auch Organismen sowie Menschen steuern können.

Wenn das Innerste des Menschen tatsächlich nur ein im Gehirn verteiltes Netz von „Verarbeitungsalgorithmen" (Singer) wäre, dann liessen sich diese – theoretisch-technisch – doch auf einen genügend intelligenten Computer übertragen.

Die Aufklärung verdrängte im 18. Jahrhundert das theozentrische Weltbild definitiv durch ein anthropozentrisches. Im 21. Jahrhundert könnte dieses Weltbild von einer neuen Weltsicht verdrängt werden – von einer „datazentrischen Weltsicht", wie es Harari ausdrückt. Er spricht dabei von einer *neuen Religion*, von der „Datenreligion" oder vom „Dataismus":

> Einem solchen „Dataismus zufolge sind menschliche Erfahrungen nicht heilig und *Homo sapiens* ist nicht die Krone der Schöpfung ... Menschen sind lediglich Instrumente, um das ‚Internet aller Dinge' zu schaffen, das sich letztlich vom Planeten Erde aus auf die gesamte Galaxie und sogar auf das gesamte Universum ausbreiten könnte. Dieses kosmische Datenverarbeitungssystem wäre dann wie Gott. Es wird überall sein und alles kontrollieren, und die Menschen sind dazu verdammt, darin aufzugehen" (72).

> Dabei mag „der Ausgangsalgorithmus zunächst von Menschen entwickelt worden sein, aber wenn er heranwächst, verfolgt er seinen eigenen Weg und geht dorthin, wo noch nie ein Mensch war – und wohin ihm kein Mensch folgen kann" (73).

Wendet sich hier der Algorithmus gegen die Individualität? Der deterministisch perfekte, anorganisch-autonome Algorithmus gegen das in einem gewissen Sinne mangelhafte, aber potenziell freiheitsfähige und schöpferische Ich?

Die KI soll ja fähig sein, alle Lebensbereiche und Lebensweisen des Menschen tiefgreifend zu *verändern* – auch den Menschen selbst, sein Innerstes.

Kritik der Datenreligion

Harari schliesst die Möglichkeit der geschilderten Macht-übernahme durch die Datenreligion nicht ganz aus. Auch wenn er die Grundthese des Dataismus bezweifelt, dass das Leben (und damit auch der Mensch) sich auf algorithmische Datenverarbeitung reduzieren lässt:

> „Vielleicht finden wir ... heraus, dass Organismen gar keine Algorithmen sind" (73).

Beim heutigen Wissenschaftsbetrieb stellt er fest, dass die fast ausschliesslich auf Physik und algorithmischer Mathematik beruhende Wissenschaft

> „zu einem allumfassenden Dogma konvertiert, das behauptet, Organismen seien Algorithmen und Leben sei Datenverarbeitung" (74).

Gemäss Harari hat dieses „dataistische Dogma" einen *Grossteil der heutigen Wissenschaftsdisziplinen* bereits erobert. Solche Wissenschaft sei *kritisch zu hinterfragen.* – Dem Folgenden können wir weitgehend zustimmen:

> „Eine (solche) kritische Überprüfung ... ist vermutlich nicht nur die grösste wissenschaftliche Herausforderung des 21. Jahrhunderts, sondern auch das drängendste politische und ökonomische Projekt. Insbesondere Forscher in den *Bio- und Gesellschaftswissenschaften* sollten sich fragen, ob uns nicht etwas entgeht, wenn wir das Leben als blosse Datenverarbeitung und Entscheidungsfindung verstehen".

Dabei sei aber zu bedenken: „Selbst, wenn der Dataismus unrecht hat und Organismen nicht nur Algorithmen sind, wird das (die Datenreligion) nicht
zwangsläufig davon abhalten, die Welt zu überneh-
men. (Wie die Geschichte zeigt, erlangten) viele
frühere Religionen … trotz ihrer faktischen Fehler
enorme Beliebtheit und Macht. Warum sollte dem
Dataismus nicht gelingen, was Christentum und Kom-
munismus geschafft haben? Der Dataismus hat sogar
besonders gute Aussichten, weil er sich gegenwärtig
auf *alle wissenschaftlichen Disziplinen* ausbreitet. Ein
einheitliches wissenschaftliches Paradigma kann
leicht zu einem unangreifbaren Dogma werden …
Selbst wenn (ein solches) Paradigma also fehlerhaft
sein sollte, wäre es extrem schwierig, sich ihm zu wi-
dersetzen (Anm. und Hervorhebungen MF)“ (75).

Kategorienfehler

Die hier zugrundeliegende physikalistische Wissenschaftsmethode kann überall nur für den Erkenntnisbereich des
rein Anorganischen gültig sein. – Wird diese Methode
ohne Anpassung der kategorialen Ausgangsbedingungen
auf Erkenntnisbereiche des *Organischen*, der *Anthropolo-
gie*, der *Gesellschaftswissenschaften* und sogar der *Philosophie* erweitert, entstehen *Kategorienfehler*, die bei der
Evolutionstheorie und dem entsprechenden Menschenbild zu den beschriebenen spekulativen und fehlerhaften
Vorstellungen führen – was eine Folge nominalistischer
Begriffsschwäche ist.

12. Theologische Wurzeln des galileischen Paradigmas

Der Nominalismus sowie die algorithmische (also indo-arabische) Mathematik sind die zwei fundamentalen und methodologisch bestimmenden Elemente unseres neuzeitlichen Begriffs von Wissenschaft und Technik. Beide Elemente wurden (wie in den Kapiteln 4 und 5 gezeigt) durch islamisch-arabische Gelehrte in das spätmittelalterliche Europa transferiert.

Die Wurzeln dieser Grundelemente lassen sich sowohl im *Buddhismus* (entstanden ca. im 6. Jh. v. Chr.) als auch im *Islam* (entstanden im 7. Jh. n. Chr.) finden. Lauenstein interpretiert beide Religionen aus kategorial-philosophischer Sicht wie folgt:

> „Der Buddhismus … spricht sowohl der Idee als auch dem Stoff das Sein ab; er sucht das Sein in einer höheren, überrationalen Sphäre, welche er Nirvana, das 'Verwehen' des gegebenen Bewusstseins, nennt. Die christlich-platonische 'negative Theologie' der Spätantike war auf einem ähnlichen Weg. Der Buddhismus erkennt auch nicht die Einheit der Ideen als die geistige Form der Welt … an. Er macht vielmehr die Negation zu der alleinherrschenden Kategorie, die er auch Sunyata oder Leere nennt … Der Buddhismus leugnet sowohl den Wert des Leibes, der im Glauben an die Inkarnation des Messias enthalten ist, als auch die geistige Einheit der Person sowie die geistige Einheit der Menschheit und der Welt. Er wendet sich

zwar nur an den einzelnen Menschen, aber er leitet ihn an, den eigenen Leib und die Gedanken schrittweise der Negation zu unterwerfen. Erst im nicht direkt erfahrbaren und nicht erdenkbaren mystischen Sein, im Nirvana, hebt er die Vereinzelung des Menschen auf" (76).

Hier wird die Kategorie der *Negation* (oder Verneinung) auf Idee und Stoff gleichermassen angewendet, auf die „geistige Form" der Welt wie auch auf den „Wert des Leibes". Indem das wahre Sein im „nicht erdenkbaren mystischen … Nirvana" gesucht wird, werden letztlich auch Bewusstsein, Erkenntnis und das Ich negiert, ‚verweht'.

Aus der kategorialen Negation oder Leere leitet sich auch die mathematische Null ab. Im 7. Jh. beschrieb der indische Mathematiker Brahmagupta Regeln für den Umgang mit *negativen Zahlen und der Zahl 0*, die schon weitgehend dem modernen Verständnis entsprechen (Wikipedia). Diese Regeln oder Rechenvorschriften gelten als Vorläufer der heutigen Algorithmen. Genaueres dazu findet sich im Kap. 5 (‚Mathematischer Hintergrund: Indo-arabische Rechenkunst').

Zu den theologischen Wurzeln des philosophischen Nominalismus führt Lauenstein folgendes aus:

„Im Islam fehlt der Glaube an den Messias und seine Mittlerrolle zwischen Gott und den Menschen. Denn der Messias wird nach jüdischem Glauben … der vollkommene Träger göttlichen Geistes sein, und nach christlichem Glauben sandte er als der Auferstandene zu Pfingsten den Geist Gottes zu den Seinen. Der Islam kennt zwar Propheten, durch welche Gott spricht, aber indem hier weder vom Messias noch vom Geiste Gottes bei den Menschen die Rede ist, d.h. nicht an die Durchgeistigung der Menschen geglaubt wird, bereitete er in seinem Gebiet den Boden vor, auf welchem der Nominalismus und der technische Positivismus schon ein halbes Jahrtausend vor deren europäischer Entwicklung Vorformen ausbildeten" (77).

Der aus dem islamisch-arabischen Kulturraum stammende Nominalismus negiert einerseits den geistigen Gehalt der Ideen- und Formenwelt. Er versteht Ideen und Begriffe nur als Zeichen oder Symbole ohne eigentlichen Inhalt. – Auf der anderen Seite ergibt sich daraus folgerichtig der Glaube an den (formberaubten) Stoff als Grund allen Seins, an die ‚ewig existierende Materie'.

Zusammengefasst:

Indo-arabische Mathematik und Nominalismus, deren Ursprung in diesen beiden theologischen Wurzeln zu finden ist, ermöglichten in ihrer Verbindung das physikalistische Paradigma der Neuzeit. Dabei erwies sich die algorithmische Mathematik als der geeignete *Schlüssel* für die wissenschaftlich-technische Erschliessung des Stoffes.

Die bisherigen Überlegungen zusammenfassend, skizziert das Abschluss-Kapitel in wenigen Grundzügen ein philosophisch-anthropologisches Menschenbild als mögliche Antwort auf das nominalistisch-naturalistische.

Abschliessende Gedanken

Wie wir gesehen haben, zeigte sich der spätmittelalterliche Nominalismus in seinen Auswirkungen auf Neuzeit und Aufklärung ambivalent: Er ermöglichte wohl die Befreiung des Denkens von dogmatisch gewordenen Formen und Überzeugungen. Anderseits aber auch die Entstehung einer Wissenschaft, deren ausgeprägter Naturalismus die Gefahr des radikalen Nihilismus in sich trägt. Dieser kann die Möglichkeit einer Befreiung der Individualität gleich wieder vernichten. Er kann den denkenden Menschen in ein *Nichts* stürzen, das den erkenntnis- und sinnstiftenden Bezug zur Ideenwelt verkümmern lässt. Übrig bleibt eine inhaltleere Sprache der Zeichen (nomina). Und damit auch die Unfähigkeit, die in der Neuzeit durch Relativismus abhanden gekommene „Lage als Beziehung der Dinge auf ein Ganzes" (Lauenstein) in inhaltlich neuer Weise wiederherzustellen.

Die nominalistische Wissenschaft – und mit ihr die vorherrschende Sichtweise der neuzeitlichen Kultur – ist, nachdem die „wahre Welt" durch Nietzsche abgeschafft wurde, beim Stoff hängengeblieben. Die dabei kultivierte absolute Form-Negation hat auch die Verschiebung des geistigen Ich in die Nichtexistenz, ins Reich der Illusionen vorangetrieben. Metzinger spricht in diesem Zusammenhang von der „Entzauberung des Selbst".

In einer Bemerkung zur philosophisch-anthropologischen und ethischen Auswirkung solcher Wissenschaft schreibt er: Mit der *naturalistischen Wende im Menschenbild*

„wird, wie der Bremer Hirnforscher und Philosoph Hans Flohr treffend bemerkt hat, dem Menschen gewissermassen die göttliche Wurzel abgeschnitten. Nachdem die Neurowissenschaften das jüdisch-christliche Bild vom Menschen als einem Wesen mit einem unsterblichen Funken des Göttlichen unwiderruflich aufgelöst haben, beginnen wir zu erkennen, dass sie nichts anzubieten haben, was das entstandene Vakuum füllen, die Gesellschaft zusammenhalten und eine gemeinsame Grundlage für moralische Intuitionen und Werte liefern könnte ... (Wir sehen), dass der Erkenntnisfortschritt in der Hirnforschung eine anthropologische und ethische Leere hinterlässt" (78).

Versuch einer Antwort

Goethes Mephisto, der Geist der absoluten Negation, will glauben machen, dass in einer solchen Leere weiter nichts als das absolute Nichts zu finden ist. Faust entgegnet ihm aber: „In deinem Nichts hoff' ich, das All zu finden".

Diese Entgegnung bedarf einer philosophischen Interpretation. Dazu sind die aristotelischen, von Plotin weiterentwickelten und auf das Ich übertragenen polaren Grundbegriffe Möglichkeit (dynamis, Potenzialität der Idee) und Wirklichkeit (energeia, Verwirklichung der Möglichkeit) dienlich. Die obige Leere kann weder das absolute Nichts noch das fertige All enthalten. In diesem Nichts ist dennoch so etwas wie ein All zu entdecken, aber ‚nur' im *Modus der reinen Möglichkeit* oder der Ideen „als noch unsichtbare Formen" (Lauenstein). Und seine Verwirklichung ist Sache des schöpferischen Ich mit seiner Fähigkeit zu Erkenntnis und erkenntnisbasiertem Handeln. – Blosses Finden ist kein schöpferischer Akt, bezieht sich nur auf schon Vorhandenes, Gegebenes, auf Daten.

Dem Menschen ist ein unmittelbares Hervorbringen von stofflicher Natur prinzipiell nicht möglich. – Wohl aber das Schaffen von *Kultur* aufgrund seiner Fähigkeit, denkend hervorgebrachte Konzepte, Erfindungen arbeitend im Stoff zu verwirklichen. Das obige ‚All' meint die Kulturwelt in einem umfassenden Sinne. Wozu auch die grossen Theorien gehören, die in der Regel eine entscheidende Wirkung auf die Lebenspraxis der Menschen haben.

In jenem Nichts haben wir also (begriffsrealistisch gesehen) reine Potenzialität vor aller Verwirklichung. Das schöpferische Verwirklichen verlangt aber vorgängig eine *Befreiung des Denkens*, eine denkende Negation von geprägten Formen, gegebenen Begriffen, von Wahrheiten im Sinne Nietzsches. Der philosophische Zweifel befreit das Ich z.B. vom naturalistischen Dogmatismus, der die sinnlichen Dinge und ihre Beziehungen kritiklos als fertige Gegebenheiten auffasst. Solche Überzeugungen werden aufgelöst und gleichsam in das Nichts der reinen Möglichkeit zurückgeführt.

Erkenntnistheoretisch kann diese Form-Negation nicht das absolute Nichts zum Ziel haben, sonst zerstört sie nicht nur die Form, sondern letztlich auch den Stoff. Sie kann „nur Durchgang (sein), um die Einheit eines Wesens nachher umso klarer und richtiger zu erfassen" (79).

Diese Selbstbefreiung des Denkens durch denkende Negation schildert Lauenstein in seinem theologischen Werk

‚Messias' bedeutungsschwanger als (geistesgeschichtlich wie auch biografisch notwendigen)

„Durchgang durch das Nichts der reinen Möglichkeit". Und das sei (theologisch gesprochen) „das Gericht, in welchem der Fürst dieser Welt nicht besteht" (80).

Gemeint ist eine Figur wie Goethes Mephisto. Als radikaler Nihilist kann er in diesem Nichts nur absolute Leere feststellen, kein schöpferisches Gestaltungspotenzial der Idee. Diese ist rein ideelle Möglichkeit und als solche noch unsichtbar – erst ihre vielfältigen Verwirklichungen im Stoff durch den Menschen werden zu sichtbaren Erscheinungen, zu Wirkungen oder Wirklichkeit.

Mit jenem Durchgang gewinnt das Ich Freiheit, d.h. Zugang zur Idee im Modus eines aller Ursächlichkeit enthobenen, *befreiten Anfangs*, von dem aus über die Konzeption neuer gültiger Gedanken freie Verwirklichungen oder Schöpfungen möglich sind. – Schaffen ohne eigentlichen ‚ersten Anfang', also aus bloss Ursächlichem, etwa kausaldeterministischer oder auch seelisch-karmischer Art wäre nicht oder nur teilweise frei und würde nicht wirklich Neues erzeugen. Was in der Lebenspraxis der Menschen weitgehend der Normalfall ist.

Erst dieser denkend-erkennende Zugang der Individualität zur Ideenwelt erweist sich als welt- und selbstschöpferisch. Es ist dieses *schöpferische Element*, das den ideenrealistischen Begriff von Erkenntnis zum Gegenkonzept einer bloss auf Physik und algorithmischer Datenverarbeitung beruhenden Wissenschaftsmethode macht.

Diese Studie versuchte zu zeigen, dass die *Erkenntnisfähigkeit* (wozu auch die Urteilsfähigkeit gehört) als Kernkompetenz des Ich qualitativ weit mehr ist als algorithmisch-mathematische Intelligenz. Diese ist auf sehr schnelles und doch exaktes maschinelles Verarbeiten von Daten in grossen Mengen, von Gegebenem beschränkt. Mit Erkenntnis, Konzeption oder Erfindung im begriffsrealistischen Sinne hat diese rein algorithmische Intelligenz wenig bis gar nichts zu tun.

Echt schöpferisch hingegen sind (im Idealfall) solche aus dem zuvor erarbeiteten Nichts der rein ideellen Möglichkeit verwirklichte Werke, die es bisher noch nicht gab. Hier findet freies Schaffen aus dem Nichts statt oder *creatio ex nihilo*. – Umgekehrt schwächt oder verhindert unfreies, also fremdbestimmtes Handeln oder Verwirklichen aus bereits Gegebenem die Entwicklungsmöglichkeit des Einzelnen und mit ihm auch die der Gesellschaft.

Die Formel ‚creatio ex nihilo'

meint gemäss Wikipedia „die Entstehung der Welt bzw. des Universums voraussetzungslos aus dem Nichts … In der modernen Kosmologie stellt die ‚creatio ex nihilo' ein wichtiges epistemologisches Instrument dar. Demnach muss der Urknall in einer Weise stattgefunden haben, die einerseits ohne Schöpfergott auskommt, also dynamische Strukturen des Nichts (Vakuumfluktuationen) beschreibt, andererseits alle wesentlichen Bedingungen erzeugt, um eine Evolution des Universums bis heute zu ermöglichen".

In der christlich-theologischen Interpretation wird die Formel 'creatio ex nihilo' allein dem Einen oder Gott für die Erschaffung der Welt zugesprochen.

Auf Grundlage der ideenrealistischen Denklinie europäischer Geistesgeschichte entwickelt Lauenstein eine dritte Interpretation. Sie ist eine philosophisch-anthropologische: Er findet die 'creatio ex nihilo' (verstanden als Fähigkeit erkenntnisbasierten Schaffens menschlicher Kultur im weitesten Sinne) im *geistigen Kern der Individualität*.

Auch die Erfindung der KI entstammt im weitesten Sinne dieser Fähigkeit. Die KI-Technologie ist jedoch Ergebnis einer Wissenschaftsmethode, welche einerseits die Form konsequent negiert (und damit auch das Ich), andererseits aber gerade durch diese Negation ungeahnte 'Möglichkeiten' im Stoff entdeckt. – Das automaton, das Kernelement der KI, ist eine solche Entdeckung. Als algorithmisch-autonomes Vonselbst wendet es sich zuletzt gegen seinen eigenen Erfinder, gegen das schöpferisch-autonome Ich.

Die KI oder der intelligente Algorithmus entpuppt sich heute als mächtiger Gegenspieler der einst in der Aufklärung erwachten selbstbestimmten Individualität.

Wie die alte Metaphysik den Menschen an die dogmatisierte Form oder die 'wahre Welt' des blossen Zuschauers binden wollte, so möchte Mephisto, der nihilistische Geist, den unermüdlich nach Erkenntnis strebenden Gelehrten Faust an jene „anthropologische Leere" des formnegierten Stoffes binden – an das *nihilo sine creatio*.

Anmerkungen

Die Abkürzung **IuG** steht für Diether Lauensteins Werk: ‚Das Ich und die Gesellschaft. Einführung in die philosophische Soziologie im Kontrast zu Max Weber und Jürgen Habermas in der Denkweise Plotins und Fichtes' (Stuttgart 1974).

1. IuG S. 128
2. IuG S. 20f, ausführlich: IuG S. 254ff
3. IuG S. 21
4. IuG S. 255
5. In seiner Schrift 'Il Saggiatore' (1623) betont Galilei die zentrale Bedeutung der Mathematik.
   Kant versuchte diese neue Denkweise philosophisch-erkenntnistheoretisch zu begründen und bestätigte dabei die *Mathematik als Kriterium für die Wissenschaftlichkeit* exakter Naturwissenschaft. Seine klassische Aussage dazu: „In jeder besonderen Naturlehre (kann) nur so viel eigentliche Wissenschaft angetroffen werden, als darin Mathematik anzutreffen ist" (Kant: 'Metaphysische Anfangsgründe der Naturwissenschaft' 1786).
6. IuG S. 128: „Der Positivismus ist geeignet und wahrscheinlich allein geeignet für die anorganische Naturwissenschaft und Technik".
7. IuG S. 256f
8. IuG S. 254f
9. Diether Lauenstein: 'Würde des Menschen. Schriften zur Philosophie mit einem Anhang zur Indologie', hrsg. von Günter Kollert (Frankfurt am Main 2014) S. 24f
10. ebenda S. 112
11. ebenda S. 91
12. ebenda S. 21
13. Technologischer Fortschritt verspricht doppelte Befreiung: Wurde einst die schwere *physische Arbeit* durch Dampfmaschinen, dann durch Massenproduktion mit Hilfe von Fliessband und

Elektroenergie ersetzt, so scheint heute, aufgrund der Digitalen Revolution, auch die *intellektuelle Arbeit* des Menschen durch intelligente Maschinen ersetzt zu werden.

14. Dysfunktionen sind unbeabsichtigte Nebenwirkungen, die bei der Nutzung technologischer Erfindungen entstehen. Mit der Technik handelt der Mensch gemäss Lauenstein „grundsätzlich gegen die lebende Natur, denn diese kennt keine Dysfunktion, keine unerwünschten Nebenwirkungen und keinen Misserfolg; sie ordnet alles schon im Geschehen selbst in ein Ganzes ein" (IuG S. 258).
Zu den aktuellsten Dysfunktionen gehören die negativen Auswirkungen auf das globale Klima vor allem bei der weltweiten technologischen Nutzung fossiler Energieträger.

15. Aus Wikipedia zu 'Zahlzeichen', 'Zahl' und 'arabische Zahlschrift'.

16. NZZ Folio: 'Die schwere Geburt der Null' von Herbert Cerutti, Februar 2002

17. IuG S. 21

18. Historiker unterscheiden drei industrielle Revolutionen, beginnend im 18. Jh. mit der *ersten* (Mechanisierung mittels Wasser- und Dampfkraft), darauf folgend die *zweite* (Massenproduktion mittels Fliessband und Elektroenergie), dann die *dritte* oder digitale Revolution (Einsatz von Elektronik und EDV für die Automatisierung der industriellen Produktion, auch für den Dienstleistungsbereich). Aktuell wird von einer *vierten* gesprochen, die viele nur als Weiterentwicklung der dritten sehen, z.B. von Industrie 4.0, einer Hightech-Strategie der deutschen Bundesregierung.

19. „Das Konzept neuronaler Netze erdachten die Neurowissenschaftler Warren McCullogh und Walter Pitts von der Universität Chicago bereits im Jahr 1943. Statt Transistoren schlugen sie als Recheneinheiten künstliche Neuronen vor. Anders als Transistoren, die Nullen und Einsen verrechnen, arbeiten (künstliche Neuronen) nicht mit binärer Logik, wie (übliche, digitale) Computer, sondern mit Schwellenwert-Logik. Allerdings werden heutige *künstliche neuronale Netze* auf (binär-logischen) Computern *simuliert*. Die binäre Logik stellt also auch die Schwellenwert-Logik

dar" (ZEIT ONLINE: ‚Wie ein künstliches Gehirn das Träumen lernt' von Christian Honey, 10.7.2015).

20. Jürgen Schmidhuber in seinem Artikel: ‚Eine Maschine, klüger als der Mensch' in ZEIT ONLINE, 2.6.2016.

21. ZEIT ONLINE: 'Watson, wir haben ein Problem' von Lars Gaede, 22.9.2016. Watson könne auch als Anlageroboter den Bankberater ersetzen.

22. Tagesanzeiger 1.9.2016: ‚Der Mensch wird keine dominante Rolle mehr spielen'. Gespräch von Christoph Fellmann mit Jürgen Schmidhuber.

23. Die von Schmidhuber mit seinem Team entwickelte KI-Software Long Short Term Memory (LSTM, ein künstliches, rückgekoppeltes neuronales Netzwerk) könne auch lernen, Kampfdrohnen zu steuern. Darum hat er (im August 2017) mit Tesla-Gründer Elon Musk, Stephen Hawking und vielen anderen KI-Experten in einem offenen Brief die UNO aufgefordert, gegen die weltweite Entwicklung autonomer Waffensysteme vorzugehen, da diese sich der menschlichen Kontrolle entziehen oder in die Hände von Terroristen und Diktatoren geraten könnten.

24. In diesem Vortrag erläutert Schmidhuber die Zahl 2050 anhand einer algorithmisch-mathematischen Gesetzmässigkeit in der bisherigen Geschichte des Universums seit dem Big Bang. – Zu sehen ist dieser Vortrag im YouTube Video: ‚Künstliche Intelligenz wird alles verändern' 9.5.2016.

25. Der Computerpionier Alan Turing soll schon 1951 gesagt haben, wir müssten irgendwann damit rechnen, dass die Maschinen die Kontrolle übernähmen. Und Stephen Hawking warnte 2014: Die Entwicklung einer vollständigen KI könnte das Ende des Menschen bedeuten.

26. Viele Posthumanisten stützen sich auf Nietzsches Idee vom Übermenschen. – Wikipedia zum 'Posthumanismus': Das Konzept dieser Sichtweise ist die Überwindung des gegenwärtigen menschlichen Stadiums. Der Grundgedanke dabei: Die biologische Menschheit habe den Gipfel ihrer Evolution erreicht und die Weiterentwicklung intelligenten Lebens sei in der künstlichen,

computergestützten Intelligenz zu finden, im posthumanen Menschen, dessen Fähigkeiten die des heutigen weit übersteigen werden.

27. Lauenstein: ‚Würde des Menschen' S. 114

28. IuG S. 259f: „Die höchste und umfassendste Gestalt trägt unter den Einzelwesen der Mensch; er ist auch die Urgestalt. Diese kann durch die (von Plotin auf das Ich übertragenen) Kategorien Möglichkeit und Wirklichkeit in ihrem Werden erfasst werden (Anm. MF)".

29. Brigitte Falkenburg: 'Mythos Determinismus. Wieviel erklärt uns die Hirnforschung?' (Berlin Heidelberg 2012) S. 23.

30. Thomas Metzinger: 'Der Ego-Tunnel' (München 2015) S. 299

31. IuG S. 262

32. IuG S. 317

33. IuG S .20

34. Aus Nietzsches 'Götzendämmerung' (1889): „Wie die 'wahre Welt' endlich zur Fabel wurde. Geschichte eines Irrtums:

1. Die wahre Welt, erreichbar für den Weisen, den Frommen, den Tugendhaften, – er lebt in ihr, er ist sie. (Älteste Form der Idee, relativ klug, simpel, überzeugend. Umschreibung des Satzes 'Ich, Plato, bin die Wahrheit').

2. Die wahre Welt, unerreichbar für jetzt, aber versprochen für den Weisen, den Frommen, den Tugendhaften ('für den Sünder, der Buße tut'). (Fortschritt der Idee: sie wird feiner, verfänglicher, unfasslicher – sie wird Weib, sie wird christlich ...).

3. Die wahre Welt, unerreichbar, unbeweisbar, unversprechbar, aber schon als gedacht ein Trost, eine Verpflichtung, ein Imperativ. (Die alte Sonne im Grunde, aber durch Nebel und Skepsis hindurch; die Idee sublim geworden, bleich, nordisch, königsbergisch).

4. Die wahre Welt – unerreichbar? Jedenfalls unerreicht. Und als unerreicht auch unbekannt. Folglich auch nicht tröstend, erlösend, verpflichtend: wozu könnte uns etwas Unbekanntes verpflichten? (Grauer Morgen. Erstes Gähnen der Vernunft. Hahnenschrei des Positivismus).

5. Die 'wahre Welt' – eine Idee, die zu nichts mehr nütz ist, nicht einmal mehr verpflichtend – eine unnütz, eine überflüssig gewordene Idee, folglich eine widerlegte Idee: schaffen wir sie ab! (Heller Tag; Frühstück; Rückkehr des 'Bon sens' und der Heiterkeit; Schamröte Platos; Teufelslärm aller freien Geister).

6. Die wahre Welt haben wir abgeschafft: welche Welt blieb übrig? die scheinbare vielleicht?... Aber nein! mit der wahren Welt haben wir auch die scheinbare abgeschafft! (Mittag; Augenblick des kürzesten Schattens; Ende des längsten Irrtums; Höhepunkt der Menschheit; INCIPIT ZARATHUSTRA)".

35. IuG S. 11

36. IuG S. 187

37. IuG S. 319

38. IuG S. 218. – In seinem theologischen Hauptwerk 'Der Messias. Eine biblische Untersuchung' (Stuttgart 1971) S. 373 stellt Lauenstein angesichts dieser geistesgeschichtlich bedeutenden Bewegung auch in den 'obersten Werten' oder Kategorien ein folgenschweres *Versäumnis* fest: „Die alte Kirche hat ... den philosophischen Glauben an das unbewegte Sein des Geistes Gottes (Parmenides), an die starren Ideen (Platon) und an Gott als den unbewegten Beweger (Aristoteles) übernommen". Nach Lauensteins Erwägungen, die über Plotins Sichtweise „folgerichtig hinausführen, tat die Kirche dies zum Schaden eines nötigen, eigentlich christlichen Denkens".

39. IuG S. 163

40. IuG S. 192

41. Lauenstein: ‚Würde des Menschen' S. 222

42. Wikipedia zu 'Neuplatonismus': Er ist eine Verschmelzung platonischer sowie aristotelischer Lehren und entstand vor der Mitte des 3. Jahrhunderts. Von Rom aus, wo der Philosoph Plotin († 270) eine neuplatonische Philosophenschule gegründet hatte, breitete sich diese Schule über das Römische Reich aus. In der Spätantike war der Neuplatonismus die einzige übriggebliebene Variante des Platonismus. Er dominierte das gesamte philosophische Denken dieser Epoche.

43. IuG S. 266

44. IuG S. 263f

45. Lauenstein: ‚Würde des Menschen' S. 207

46. IuG S. 265f

47. IuG S. 21

48. IuG S. 156

49. Lauenstein: ‚Würde des Menschen' S. 39

50. ebenda S. 41

51. IuG S. 10

52. IuG S. 217f

53. IuG S. 189

54. Lauenstein: ‚Würde des Menschen' S. 42

55. IuG S. 165f

56. IuG S. 316

57. Lauenstein: ‚Würde des Menschen' S. 36

58. ebenda S. 111

59. IuG S. 300

60. IuG S. 161

61. IuG S. 166f

62. Lauenstein: ‚Würde des Menschen' S. 23

63. Die Staatsgesetze sind gemäss Rudolf Steiner „sämtlich aus Intuitionen freier Geister entsprungen, ebenso wie alle anderen objektiven Sittlichkeitsgesetze ... (Sie) entstehen stets im Kopfe eines Staatsmannes. Diese Geister haben die Gesetze über die anderen Menschen gesetzt, und unfrei wird nur der, welcher diesen Ursprung vergisst, und sie entweder zu aussermenschlichen Geboten, zu objektiven vom Menschlichen unabhängigen sittlichen Pflichtbegriffen oder zur befehlenden Stimme seines eigenen falsch mystisch zwingend gedachten Innern macht" ('Philosophie der Freiheit' 1894, Kap. IX).

64. IuG S. 329

65. Steiner: ‚Grundlinien einer Erkenntnistheorie der goetheschen Weltanschauung' (1886) Kap. 14.

66. Falkenburg: ‚Mythos Determinismus' S. 102

67. Das Allen-Institut für Gehirnforschung in Seattle wurde vom Microsoft-Mitgründer und Multimilliardär Paul Allen als Nonprofit-Forschungseinrichtung initiiert. Koch und sein umfangreiches

Team verantworten ein 10-Jahresprogramm mit einem Budget von einer Milliarde US-Dollar (Tagesanzeiger 2.12.2017: 'Bewusstseinsforscher mit Nervenzellen-Tattoo' von Barbara Reye).

68. ZEITmagazin (Nr. 44/2013), Stefan Kleins Wissenschaftsgespräche: Wie erzeugt das Gehirn unser Bild von uns selbst? Der Physiker Christof Koch erforscht, wie Bewusstsein entsteht.

69. Yuval Noah Harari: 'Homo Deus. Eine Geschichte von Morgen' (München 2018) S. 38

70. ebenda S. 43

71. ebenda S. 135

72. ebenda S. 584

73. ebenda S. 602f

74. ebenda S. 608

75. ebenda S. 603ff

76. IuG S. 25f

77. IuG S. 26

78. Metzinger: ‚Der Egotunnel' S. 308.
Gegen diese ethische Leere schlägt Metzinger die „Entwicklung einer rationalen Bewusstseinsethik" vor. Eine solche könnte helfen, das ethische und anthropologische Vakuum auszufüllen, das der endgültige Zusammenbruch des christlichen Menschenbildes, ausgelöst durch die Hirnforschung, hinterlässt. Die obersten Werte einer solchen Ethik müssten paradigmabedingt *naturalistische Werte* sein. Der erste ethische Grundsatz könnte gemäss Metzinger die „Verminderung des Leidens" sein, auf den sich wohl „fast alle Menschen auf der Erde einigen" würden. Dabei ginge es um Leidensverminderung bei allen leidensfähigen Tieren, nicht nur beim Menschen ('Der Egotunnel' S. 352ff).

79. Lauenstein: ‚Würde des Menschen' S. 38

80. Lauenstein: ‚Der Messias' S. 374

Literatur

Cerutti Herbert: Die schwere Geburt der Null. Aus NZZ Folio (Februar 2002)

DAS MANIFEST. Elf führende Neurowissenschaftler über Gegenwart und Zukunft der Hirnforschung. Aus Gehirn & Geist (6/2004)

Falkenburg Brigitte: Mythos Determinismus. Wieviel erklärt uns die Hirnforschung? (Berlin Heidelberg 2012)

Fellmann Christoph: Der Mensch wird keine dominante Rolle mehr spielen. Ein Gespräch mit Jürgen Schmidhuber. Aus Tagesanzeiger (1.9.2016)

Gaede Lars: Watson, wir haben ein Problem. Aus ZEIT ONLINE (22.9.2016)

Habermas Jürgen: Erkenntnis und Interesse (Frankfurt am Main 1968)

Harari Yuval Noah: Eine kurze Geschichte der Menschheit (München 2015)

Harari Yuval Noah: Homo Deus. Eine Geschichte von Morgen (München 2018)

Honey Christian: Wie ein künstliches Gehirn das Träumen lernt. Aus ZEIT ONLINE (10.7.2015)

Klein Stefan: Wissenschaftsgespräche: Wie erzeugt das Gehirn unser Bild von uns selbst? Der Physiker Christof Koch erforscht, wie Bewusstsein entsteht. Aus ZEITmagazin (44/2013)

Kuhn Thomas S.: Die Struktur wissenschaftlicher Revolutionen (Frankfurt am Main 1976)

Lauenstein Diether: Das Ich und die Gesellschaft. Einführung in die philosophische Soziologie im Kontrast zu Max Weber und Jürgen Habermas in der Denkweise Plotins und Fichtes (Stuttgart 1974)

Lauenstein Diether: Würde des Menschen. Schriften zur Philosophie mit einem Anhang zur Indologie, hrsg. von Günter Kollert (Frankfurt am Main 2014)

Metzinger Thomas: Der Ego-Tunnel. Eine neue Philosophie des Selbst: Von der Hirnforschung zur Bewusstseinsethik (München 2015)

Roth Gerhard: Wir sind determiniert. Die Hirnforschung befreit uns von Ilusionen. Beitrag aus ,Hirnforschung und Willensfreiheit. Zur Deutung der neuesten Experimente', hrsg. von Christian Geyer (Frankfurt am Main 2013)

Schmidhuber Jürgen: Eine Maschine, klüger als der Mensch. Aus ZEIT ONLINE (2.6.2016)

Schmidhuber Jürgen: Vortrag: Künstliche Intelligenz wird alles verändern. YouTube Video (9.5.2016)

Singer Wolf: Verschaltungen legen uns fest: Wir sollten aufhören, von Freiheit zu sprechen. Grundsatzbeitrag aus ,Hirnforschung und Willensfreiheit. Zur Deutung der neuesten Experimente', hrsg. von Christian Geyer (Frankfurt am Main 2013)

Singer Wolf: Keiner kann anders, als er ist. All unser Denken und Tun ist mit dem Ablauf neuronaler Prozesse zu erklären. Aus FAZ (8.1.2004)

Zeitfracht Medien GmbH
Ferdinand-Jühlke-Straße 7
99095 Erfurt, Deutschland
produktsicherheit@kolibri360.de